Coleção

Direito Penal e Criminologia

Direção

Íñigo Ortiz de Urbina
Ramon Ragués
Luís Greco

CB077541

POR QUE SE QUALIFICA O HOMICÍDIO?

Lucas Montenegro

POR QUE SE QUALIFICA O HOMICÍDIO?

Um estudo sobre a relevância da motivação em Direito Penal, por ocasião da Lei do Feminicídio (Lei 13.104/2015)

Marcial Pons

MADRI | BARCELONA | BUENOS AIRES | SÃO PAULO

Coleção
Direito Penal e Criminologia

Direção
Íñigo Ortiz de Urbina | Ramon Ragués | Luís Greco

Por que se qualifica o homicídio?
Um estudo sobre a relevância da motivação em Direito Penal, por ocasião da Lei do Feminicídio (Lei 13.104/2015)
Lucas Montenegro

Produção
Ida Gouveia / HBLYZ / Oficina das Letras®

Todos os direitos reservados.
Proibida a reprodução total ou parcial, por qualquer meio ou processo – Lei 9.610/1998.

CIP-Brasil. Catalogação na Publicação
Sindicato Nacional dos Editores de Livros, RJ

M783p
Montenegro, Lucas
Por que se qualifica o homicídio? : um estudo sobre a relevância da motivação em direito penal por ocasião da lei do feminicídio (lei 13.104/2015) / Lucas Romero Montenegro. - 1. ed. - São Paulo: Marcial Pons, 2017.
(Direito Penal & Criminologia)
Inclui bibliografia
ISBN 9788566722468

1. Direito penal. 2. Criminologia. I. Título. II. Série.

17-45083 CDU:343.2

© Lucas Montenegro
© MARCIAL PONS EDITORA DO BRASIL LTDA.
Av. Brigadeiro Faria Lima, 1461, Torre Sul, 17/8 Jardim Paulistano
CEP 01452-002 São Paulo-SP
☎ +55 (11) 3192.3733 www.marcialpons.com.br

Impresso no Brasil

Para Pedro Paulo e Germana.

AGRADECIMENTOS

Este livro foi escrito em meio às ocupações com a tese e demais atividades relativas ao meu doutorado, no período em que estive na Universidade de Augsburg. O tempo escasso e a necessidade de dedicar-me simultaneamente a outras atividades fizeram com que poucas fossem as pessoas com que pude discutir o tema e as teses avançadas e poucas as mãos às quais pude confiar o livro antes de sua publicação. Entretanto, as contribuições e opiniões que daí resultaram são de tal forma importantes e confiáveis que me sinto satisfeito com o trabalho e disposto a submetê-lo agora ao juízo de um público mais amplo. A essas pessoas, sobretudo, dirigem-se os meus sinceros agradecimentos.

Em primeiro lugar, e principalmente, a meu orientador e amigo Prof. Dr. Luís Greco. Devo-lhe não só o estímulo para que me arriscasse em um campo distinto do tema de minha tese, mas também indispensáveis críticas e sugestões, que fizeram com que o trabalho ganhasse em clareza, estrutura e profundidade. Mas tão importante quanto esse apoio é que ele veio acompanhado de uma completa liberdade e mesmo de um incentivo para pensar os problemas de forma autônoma, sendo irrelevante se isso resulta em posições diferentes das suas. Tendo conseguido superar um ambiente acadêmico em que isso é exceção, Luís Greco é para mim a prova viva de que é possível transformar a ciência jurídica de um país e de que essa transformação só pode se dar com muito esforço, honestidade intelectual e grandeza de espírito.

Sou muito grato ao amigo Orlandino Gleizer, pela leitura do trabalho e pelas valiosas contribuições, bem como pela sugestão para construção de um dos casos hipotéticos. Devo-lhe também a revisão minuciosa do texto. Sua intensa curiosidade e sua prontidão para a discussão de ideias me foram de grande proveito para esclarecer e aprofundar vários pontos deste estudo.

Ao amigo Eduardo Viana devo também um especial agradecimento pelas críticas e sugestões, produto das várias discussões que sua fraterna convivência me proporcionou. Ao primo e amigo Eneas Romero devo valorosas contribuições, sobretudo, quanto ao tópico sobre o tribunal do júri. Ele tem importante participação em decisões fundamentais para minha formação, além de ter dado apoio para que eu pudesse levá-las a cabo.

Devo ainda um muito obrigado àqueles que sempre foram e seguem sendo o chão seguro de todo caminho que trilho, meus pais, Marcos e Nidia, e minha irmã, Nara.

Por fim, agradeço ao Conselho Nacional de Desenvolvimento Científico e Tecnológico (CNPq), cujo programa de bolsa para doutorado no exterior tornou possível que eu seguisse com meus estudos na Alemanha. Sem o apoio financeiro, este livro não seria possível.

Halle, outubro de 2017.

LUCAS MONTENEGRO

PREFÁCIO

O livro de Lucas Montenegro, que tenho a alegria de apresentar ao leitor, serve-se da curiosa figura do feminicídio, recentemente introduzida na legislação brasileira, para formular uma pergunta até agora pouco discutida na literatura nacional: a do por que das razões para a qualificação do homicídio. É da resposta a essa pergunta que depende o manejo refletido e, portanto, autocrítico, do dispositivo em questão, que, quando afirmado, autoriza a que se encarcere um concidadão por até 30 anos. A relevância prática da reflexão a que se propõe Montenegro é demonstrada pelos casos que ele apresenta ao início de seu livro, aos quais retorna ao final.

O problema é de difícil solução, e isso pelo menos por duas razões. A primeira delas diz respeito à própria natureza do homicídio doloso. Se tirar dolosamente a vida de um semelhante é, à primeira vista, o pior que se lhe pode fazer, por que o direito positivo prevê situações em que o ato de matar ganha especial gravidade? Há algo ainda pior do que matar? Há piores e melhores razões para matar? O direito positivo, que conhece um homicídio por motivos fúteis ou torpes, pressupõe uma resposta afirmativa a essa pergunta. Mas, além dessas duas situações, há uma série de outras a que o direito positivo se refere, inclusive a já mencionada situação do homicídio praticado contra mulher por razões relativas à condição de mulher ("razões de condição de sexo feminino", na tão amadora quanto desorientada redação da lei vigente, art. 121, § 2.º, VI, CP). Há alguma ideia reitora por trás dessa multiplicidade de situações que fazem de um mero homicídio, de um chamado "homicídio simples", um homicídio especialmente grave, isto é, um homicídio qualificado?

A segunda dificuldade relaciona-se com a natureza dessas situações. Boa parte delas – e é dessa parte que cuida o presente livro – diz respeito à motivação do autor, às considerações que o moveram a tirar a vida de seu semelhante. Que existam melhores e piores motivos para matar – tomem-se, como exemplos, apenas a piedade de um lado, o racismo de outro –, parece inquestionável desde uma perspectiva moral. Mas pode essa diferenciação qualitativa entre motivos também ser levada em conta pelo Direito, que, segundo uma perspectiva liberal clássica, não se confunde com a moral, porque leva em conta apenas a delimitação das esferas externas de liberdade, desconsiderando o aspecto da motivação? Pode o Direito importar-se com a motivação do delinquente? Se sim, por quê?

O livro embarca, assim, na difícil e fascinante busca por essas razões que qualificam o homicídio, que tornam a motivação concreta do agente algo pelo que pode e deve interessar-se o Direito. Montenegro percorre a mais recente história dessas razões, que é exposta e discutida não apenas para satisfazer a curiosidade de um investigador que tem sincero interesse pela questão que o intriga, como também para construir seu próprio raciocínio. E é aqui, na formulação de uma própria e original resposta, que Montenegro dá a mais manifesta demonstração de suas raras qualidades, às quais já retornarei, quando me voltar à pessoa do autor do livro: Montenegro formula uma pequena teoria do ilícito da discriminação. A discriminação não existe como um ilícito autônomo, senão que é uma agressão ao direito que se move, por assim dizer, em um segundo nível, isto é, no nível da própria existência das relações jurídicas entre conviventes. Com o homicídio discriminatório, aquele que discrimina não agride somente a vida de outrem, mas a própria condição de sujeito de direitos.

Por fim, o autor retorna aos problemas com que abrira o livro, demonstrando que a teorização, por mais instigante e prazerosa que seja, nunca é fim em si mesma, mas tem de oferecer subsídios para a resolução dos problemas concretos com que a ciência do direito, enquanto ciência aplicada, se depara.

Muito escrevi sobre o livro, pouco sobre o autor. Não me preocuparei, aqui, com qualquer consideração de simetria; atribuo à riqueza de ideias do livro a minha incapacidade de ser mais sucinto a seu respeito.

Conheço Lucas Montenegro já há alguns anos e creio poder considerar-me seu amigo. Montenegro hoje escreve a sua tese de doutorado sobre o tema das emoções na imputabilidade penal, sob a minha orientação; posso gabar-me de ter nele meu primeiro doutorando, que está comigo desde minha chegada em Augsburg, em abril de 2015. Em abril de 2017, Montenegro tornou-se assistente científico do Prof. Dr. Joachim Renzikowski (de quem se publicou, também na presente coleção, um livro de estudos), na Universidade Martinho Lutero em Halle-Wittenberg.

Das muitas qualidades de Lucas Montenegro, gostaria de ressaltar apenas duas, que dele farão um dos mais destacados penalistas da nova geração. Da primeira faz prova o presente livro, que não se trata de uma tese escrita com a finalidade de obter uma titulação qualquer, e sim pelo sincero e desinteressado prazer da reflexão científica. Montenegro é, assim, uma das raras pessoas a quem podemos, sem hesitação, aplicar o termo de cientista, no mais verdadeiro sentido da palavra. E, como verdadeiro cientista, Montenegro não se deixa conter pelos limites tradicionais da reflexão dogmática, com o que chego à segunda qualidade: sua sede por conhecimento o conduz à filosofia do direito, em que ele transita com desenvoltura rara entre os penalistas da nova geração, não apenas brasileiros.

Enfim: o leitor tem em mãos a primeira obra de um jovem penalista de 28 anos, que, antes do que o imaginemos, alcançará uma posição de protagonismo entre os penalistas do Brasil e do mundo. Agradeço a meu amigo Lucas Montenegro por poder participar do primeiro capítulo dessa bela história que começa a escrever-se.

Prof. Dr. Luís Greco

Professor Catedrático de Direito Penal, Direito Processual Penal, Direito Penal Estrangeiro e Teoria do Direito Penal na Universidade Humboldt de Berlim.

SUMÁRIO

INTRODUÇÃO

Apresentação

Contam-se já quase dois anos da publicação da Lei 13.104, que inclui nova hipótese de qualificação do homicídio, o feminicídio, e pode-se dizer que alguma tinta tem sido gasta com o tema, embora nem de longe suficiente para conferir-lhe a importância devida. Até agora, a discussão jurídica no Brasil tem se circunscrito, talvez com exceção de dois trabalhos mais extensos,[1] a contribuições curtas, das quais se depreende, ao fim da leitura, a posição do autor sobre a adequação ou inadequação da mudança legislativa.[2] No entanto,

1. Diniz, Debora; Costa, Bruna Santos; Gumeri, Sinara. Nomear Feminicídio: conhecer, simbolizar e punir. *Revista IBCCrim*, São Paulo, 114, maio-julho, p. 225 ss. Em março de 2016, foi publicado o livro *Feminicídio: uma análise sociojurídica da violência contra a mulher*, de autoria de Adriana de Ramos Mello. Infelizmente não tivemos acesso à obra, de modo que deixamos aqui apenas a sua menção ao leitor interessado, sem que nos seja dado registrar a referência completa.

2. Por exemplo, a favor da alteração legislativa: Souza, Luciano Anderson de; Ferreira, Regina Cirino Alves Ferreira. Feminicídio: primeiras observações. *Boletim IBCCrim,* São Paulo, abril/2015, p. 3-4; Castilho de, Ela Wiecko V. Sobre o feminicídio, *Boletim IBCCrim,* São Paulo, maio/2015, p. 4-5; D'Elia, Fábio Suardi. Feminicídio: uma via legal de proteção de gênero e de determinadas situações de vulnerabilidade. *Boletim IBCCrim*, São Paulo, julho/2105, p. 8-9. Contra a alteração: Belloque, Juliana Garcia. Feminicídio: o equívoco do pretenso Direito Penal emancipador, *Boletim IBCCrim,* São Paulo, Maio/2015,

pouco se tem contribuído para oferecer uma visão daquilo que realmente importa, as razões sobre adequação ou inadequação do feminicídio, considerando e explicitando as premissas das quais se parte e preocupando-se em acomodar os argumentos numa dogmática consequente do homicídio.

Essa deficiência é compreensível quando se percebe que a doutrina brasileira não tem dado a mesma importância[3] a uma discussão que, em outros países, tem longa história,[4] qual seja, a discussão sobre

p. 3-4; Jorio, Israel Domingos. O feminicídio da igualdade, *Boletim IBCCrim*, São Paulo, Julho/2015, p. 11-12. Paschoal, Janaína Conceição. Feminicídio: um crime contra a equidade, *Revista Fórum de Ciências Criminais*, Ano 2, n. 4, jul./dez. 2015. Disponível em: <http://www.editoraforum.com.br/ef/index.php/noticias/feminicidio-um-crime-contra-a-equidade/>. Acesso em: 11 de maio de 2016. De forma predominantemente crítica, mas afirmando a importância da comunicação realizada pela tipificação: Machado, Marta; Matsuda, Fernanda. Um copo meio cheio. *Boletim IBCCrim*, São Paulo, maio/2015, p. 5-6.

3. Monografias tradicionais sobre o tema apenas mencionam um ou outro critério para a qualificação do homicídio, sem justificá-lo, nem refutar os outros critérios possíveis. Aníbal Bruno, por exemplo, refere-se à reprovabilidade do fato para explicar a qualificação do homicídio; Olavo Oliveira limita-se a afirmar que o homicídio qualificado "inspira sérios receios a temibilidade do seu agente, justificando-se, assim, a sua mais severa punição"; e Ivair Nogueira Itagiba menciona apenas que as circunstâncias qualificadoras são "indicadoras da requintada perversidade do agente". Ver: Bruno, Aníbal. *Crimes contra a pessoa*, 5. ed. Rio de Janeiro: Editora Rio, 1979, p. 76. Oliveira, Olavo. *O delito de matar*, São Paulo: Saraiva, 1962, p. 33. Itagiba, Ivair, N. *Do homicídio*, Rio de Janeiro: Forense, 1945, p. 137. Livros mais recentes dedicados ao homicídio não se debruçam sobre o tema das razões para qualificação. Ver: Pedro, Alessandra Orcesi. *Homicídio doloso qualificado: a suficiência ou não das qualificadoras previstas no Código Penal atual*, São Paulo: Polo Positivo, 2000, p. 15-18. Júnior, Laerte I. Marzagão (Org.). *Homicídio Crime Rei*, São Paulo: Quartier Latin, 2009. Júnior, Manoel Torralbo Gimenez. *Homicídio: um estudo jurídico-criminológico*, São Paulo: Edições APMP, 2009, p. 21-23.

4. Já no direito romano, constatam-se diferenciações entre diversos tipos de homicídios e o respectivo rigor da punição, destacando-se, como um dos delitos mais antigos, a figura do *parricidium*. É difícil determinar, no entanto, quando os critérios para a distinção precisamente começam a ser tematizados e ensejam uma discussão dogmática com base nos princípios norteadores. Certo é, no entanto, que a discussão torna-se cada vez mais articulada à medida que perde força o critério da premeditação, dominante nos séculos XVIII e XIX. Sobre o desenvolvimento e a derrocada desse critério, ver: Thomas, Sven. *Die Geschichte des Mordparagraphen: eine normgenetische Untersuchung bis in die Gegenwart*, Studienverlag Bochum: Dr. N. Brockmeyer, 1985, p. 164 ss.

as razões para a qualificação ou privilégio do homicídio ou, posto em termos gerais, sobre por que matar alguém em determinadas circunstâncias justifica um aumento ou diminuição da intensidade da pena. Uma vez que a figura do feminicídio, assim como qualquer outra que venha a ser agregada à legislação penal, não se justifica por si mesma, nem pode ser compreendida fora de sua conexão com outras figuras jurídicas que compõem a legislação e a dogmática penal, é necessário considerar o espaço que lhe foi indicado pelo legislador, que, no caso brasileiro, é o de uma razão para qualificação do homicídio. E, mais do que isso, é preciso vinculá-lo a uma concepção de pena e direito penal, sem o que referências a *topoi* de argumentação conhecidos, como "proteção de bens jurídicos", "força simbólica do direito penal", "direito penal do fato", "direito penal de autor" etc., não passam de figuras retóricas, tornando indistinta a discussão acadêmica da miscelânea de argumentos que domina o debate público.

Este trabalho tem, portanto, como primeiro objetivo, trazer à tona a discussão sobre as razões de qualificação e privilégio do homicídio, na forma de uma análise da discussão estrangeira[5] acerca dos princípios norteadores da distinção, sobretudo na Alemanha, onde a discussão tem sido particularmente acalorada graças à conexão

Na Alemanha, pode-se afirmar que a discussão intensificou-se bastante quando da discussão sobre as alterações do Código Penal nas décadas de 60 e 70 e do Congresso de Jurista Alemães de 1980, dedicado ao tema. Nesse sentido, ver: ESER, Albin. *Empfiehlt es sich, die Straftatbestände des Mordes, des Totschlages und der Kindestötung (§§ 211 bis 213, 217 StGB) neu abzugrenzen?*, Gutachten D für den 53. Deutschen Juristentag, München: C.H.Beck, 1980, p. D 158 ss. Atualmente, a discussão ganhou novo impulso com apresentação, em junho deste ano, de relatório final para reformas dos delitos contra a vida. No relatório, especificamente sobre a discussão dos princípios norteadores da distinção, ver: MERKEL, Reinhard. Grundlagenprobleme der Leitprinzipien und der "Motivgeneralklausel" des Mordtatbestandes, p. 659-686. In: *Abschlussbericht der Expertengruppe zur Reform der Tötungsdelikte (§§ 211-213, 57a StGB)*, im Juni 2015 vorgelegt. Na Espanha, por exemplo, com breve relato do histórico da discussão e ressaltando a necessidade de dar-lhe continuidade, apesar da sobriedade com que o Código Penal de 1995 passou a tratar o assassinato, ver: RAMOS, Enrique Peñaranda. *Estudios sobre el delito de asesinato*, Madrid, Bdef, 2014, p. 3-13.

5. Optamos, nas citações de obras em língua estrangeira, por não lhes agregar a expressão "tradução livre", pois, devido ao grande número de citações dessa natureza, tornaria a leitura excessiva e desnecessariamente entrecortada. Ressaltamos, no entanto, que todas as citações foram por nós traduzidas.

problemática entre uma casuística de qualificantes, tal como a que temos no Brasil, e a previsão de pena perpétua para o homicídio qualificado.[6] Dentro dessa discussão, damos aqui maior atenção ao problema da valoração dos motivos em direito penal, que, como se verá, tem enfrentado sérias objeções de autores comprometidos com uma concepção liberal de direito penal. O feminicídio, em sua modalidade subjetiva (art. 121, § 2-A, II, CP), isto é, cometido por "menosprezo ou discriminação à condição de mulher", precisa não só enfrentar essas objeções, mas buscar um fundamento que ofereça parâmetros mínimos de interpretação.

Assim, um segundo objetivo deste estudo é sugerir um possível caminho em que a qualificação baseada na motivação do agente possa ser compatível com um direito penal de tradição liberal. Aqui não se faz mais do que apontar uma possível saída, que, temos consciência, já vem acompanhada de alguns problemas. Não se trata, portanto, de encerrar a questão, mas de um esforço de – com a apresentação da possível solução – conferir maior precisão e clareza ao problema, sem negligenciar a dificuldade da empreitada: uma luz tênue que, embora não sirva para iluminar todo o caminho, talvez nos sirva para evitar a topada ou para mostrar que não há saída antes de darmos com a testa na parede.

Roteiro da investigação

Com esses objetivos em vista, estruturamos o trabalho em seis capítulos. O primeiro deles trata de analisar o conceito de feminicídio como categoria jurídico-penal, como qualificadora e, por fim,

6. Küpper chega a afirmar que a pena de prisão perpétua é a verdadeira causa para os problemas relativos à interpretação das qualificadoras. Segundo Küpper, as qualificadoras apresentam poucos problemas, que poderiam ser corrigidos por via de interpretação judicial: KÜPPER, Georg. Die Probleme des Mordtatbestandes als Folge der absoluten Strafdrohung, p. 794. In: ZIEMSKE, Burkhardt, *et alii* (Hrsg.). *Staatsphilosophie und Rechtspolitik*: Festschrift für Martin Kriele zum 65. Geburtstag, München: C. H. Beck, 1997, p. 777-794. Mesmo que aceitemos a tese de Küpper, isso não significa que a discussão sobre as razões de qualificação do homicídio não teria sentido para um país que não adota a pena de prisão perpétua, como o Brasil, pois mesmo os ajustes interpretativos de que fala Küpper, a serem feitos por via judicial, precisariam se valer daquelas razões, se se pretende dar uma justificação adequada às decisões.

concentrando-se em uma das modalidades, como qualificadora de ordem subjetiva. O objetivo da análise conceitual não é ainda definir o feminicídio, mas, além de antecipar alguns esclarecimentos, chamar a atenção para os problemas que subjazem à positivação da qualificadora sob os três aspectos mencionados. Dessa forma, a aproximação conceitual conduz, no capítulo seguinte, à formulação dos problemas que orientam esta investigação. Ainda no segundo capítulo, faremos uma exposição de casos hipotéticos, cuja análise, a ser feita ao fim do trabalho, pressupõe a resolução dos problemas formulados.

A seguir, no terceiro e mais longo capítulo, passamos à discussão sobre os princípios norteadores da distinção entre homicídio simples e qualificado, aproveitando, como já mencionado, a discussão travada em outros países, sobretudo na Alemanha. Embora este não seja um estudo de interesse histórico, incluímos, ao início da exposição dos princípios, exemplos de sua adoção pelo direito positivo, a fim de conferir maior clareza e caráter informativo à exposição. O percurso adotado inicia-se sempre com a exposição dos argumentos mais representativos e encerra-se com uma tomada de posição crítica. Embora a discussão sobre os princípios norteadores diga respeito às razões para qualificação do homicídio em geral, daremos, seguindo o interesse que nos move nesta investigação, especial atenção à justificativa para a valoração dos motivos.

O quarto capítulo contém uma discussão sobre a crítica liberal à valoração dos motivos. Vincula-se à discussão anterior, na medida em que a única alternativa considerada possível como resultado da análise crítica dos princípios teria ainda de enfrentar essa objeção. Faremos, assim, a exposição da crítica liberal, delimitando-a em seu alcance, o que nos permitirá, ao fim do capítulo, oferecer uma série de requisitos para se chegar a uma justificação adequada de qualificadoras de ordem subjetiva. O quinto capítulo finalmente desenvolve uma justificação para uma qualificadora subjetiva, demonstra como essa qualificação seria capaz de satisfazer os requisitos estabelecidos e antecipa a resposta a alguns problemas e objeções que ela teria de enfrentar. No sexto capítulo, são solucionados os casos propostos. Por fim, na conclusão, é feito um resumo das teses defendidas ao longo do estudo e são respondidos os problemas formulados no segundo capítulo.

Tem sentido uma discussão dogmática sobre homicídio doloso no Brasil?

Antes de começarmos, é necessária uma consideração que diz respeito ainda à justificativa deste estudo. Como mencionamos, uma discussão dogmática sobre homicídio qualificado no Brasil, se a comparamos com a travada em outros países, é bastante modesta. Diante desse quadro, poderíamos tomar o doente por são e dizer que a ausência de discussão é uma consequência natural de parte do sistema processual penal adotado pelo constituinte brasileiro, que previu, para julgamento dos crimes dolosos contra a vida, o tribunal do júri como órgão competente (art. 5.º, XXXVIII, CF). O autor de crimes dolosos contra a vida é julgado por seus pares, em juízo que dispensa motivação, sujeito à retórica de promotores e advogados e a todo tipo de preconceitos e valorações pessoais. Seria esse, na verdade, o sentido da instituição, reputada "o apogeu da democracia",[7] já que permitiria um juízo que alcança aquilo que o direito penal, com seus conceitos abstratos, não logra alcançar, um juízo que refletiria a prudência do cidadão comum e seria capaz de satisfazer as exigências concretas de justiça.[8] Precisamente o delito de homicídio, cujo cometimento dá-se, em regra, num contexto de emoções, desejos, conflitos e ambições, mereceria esse tipo de julgamento. Um julgamento "humano" para um crime que, a depender das circunstâncias, todos poderiam chegar a cometer. Sendo esse o caso, por que haveríamos de discutir o homicídio como figura dogmática? Por que se esforçar para conferir-lhe fundamento e determinação?

7. AZEVEDO, André Mauro Lacerda. *Tribunal do júri*: aspectos constitucionais e procedimentais, São Paulo: Verbatim, 2011, p. 13.

8. Nassif, por exemplo, defende a instituição do tribunal do júri, considerando necessária "a humildade de transferir ao cidadão leigo a decisão sobre um determinado fato, que não se resolve em teoremas ou lógicas simplistas que afetam o pensamento dogmático-jurídico nacional, e que só podem ser identificados pela sensibilidade comunitária, seja para aprovar, seja para desaprovar a conduta desarmônica". NASSIF, Aramis. *Júri*: instrumento da soberania popular, 2. ed., Porto Alegre: Livraria do Advogado Ed., 2008, p. 9. De forma semelhante, Nucci afirma que "o Júri realiza a justiça do povo, calcada em bom senso e sensibilidade humana para captar as necessidades do caso concreto, nem sempre adequadas ao detalhado critério legal." NUCCI, Guilherme de Souza. *Tribunal do júri*, 4. ed. São Paulo: Revista dos Tribunais, 2013, p. 7.

É verdade que o constituinte incluiu o tribunal do júri entre os incisos do art. 5.º, de modo que se poderia até mesmo lhe atribuir a dignidade de cláusula pétrea. Contudo, mesmo assumindo ser inalterável o texto constitucional nesse ponto, significa uma enorme simplificação do problema considerar, com base na mera existência do tribunal do júri, desnecessária uma discussão sobre o homicídio em seus diversos aspectos e desqualificar, por consequência, como irrelevante, esta investigação. E isso por várias razões.

A primeira delas é que investigações jurídico-penais não precisam se restringir à interpretação de textos legais. Boa parte das discussões em direito penal dizem respeito aos seus próprios limites, àquilo que pode ser objeto de proibição legítima do Estado, àquilo que se harmoniza com o sentido atribuído à pena. E a própria interpretação das normas penais depende, em muitos casos, das respostas a essas perguntas. Quando se inicia a tentativa? O que significa participação? Que tipo de manifestação representa uma injúria? Em casos difíceis, as respostas demandam uma recondução ao problema dos limites do direito penal. E, considerando as alterações legislativas recentes na regulação do homicídio, não só a lei do feminicídio, mas também alteração feita pela Lei 13.142, de 2015, criando mais uma qualificadora (art. 121, § 2.º, VII), é possível que tenhamos perdido totalmente de vista onde estão esses limites. Boa parte deste trabalho se dedica às perguntas sobre o sentido das qualificadoras e sobre os limites aos quais devem estar submetidas. Assim, não visamos apenas a um esclarecimento imediato do sentido das normas penais, mas também à razão de sua existência. A investigação tem, portanto, uma utilidade *de lege ferenda*, como parte de um debate sobre a regulação do homicídio, mas também no sentido de oferecer argumentos para uma análise da constitucionalidade das qualificadoras existentes e de outras que se venham agregar ao já extenso rol do art. 121, § 2.º, CP.

Além disso, não está fora de cogitação que se alterem as normas que regem o tribunal do júri, de modo a tornar a sentença passível de escrutínio científico e menos arbitrária. A Constituição exige expressamente apenas a plenitude da defesa, o sigilo das votações e a soberania dos veredictos, além da já mencionada competência para crimes dolosos contra vida. Uma ampla transformação já foi empreendida pela Lei 11.689, de 2008, com a alteração integral dos dispositivos do Código sobre os processos de competência do tribunal do júri, e nada impede que se lhe venha a dar novamente outra regulação. Já teríamos, por exemplo, uma grande redução do caráter arbitrário das decisões se, pelo menos, as qualificadoras e as causas de aumento de pena fossem excluídas do âmbito de decisão dos jurados. E vale ressaltar aqui que a mera menção à previsão de soberania do veredito não é suficiente para afastar essa possibilidade. É um erro supor que atualmente todo o julgamento recai sobre os jurados, que há uma soberania absoluta do veredito, pois a fixação da pena base, que implica obviamente uma valoração, é feita pelo juiz presidente, além de caber interposição de recurso de apelação no caso de decisão dos jurados manifestamente contrária à prova dos autos (art. 593, III, *d*, CPP). Seria possível exigir, por exemplo, que o conselho de sentença apenas confirme ou rejeite integralmente a pronúncia ou que o juiz presidente, de forma fundamentada, decida sobre a existência de qualificadoras e causas de aumento de pena, em caso de não absolvição.

No entanto, mesmo considerando a regulação atual do tribunal do júri, continua sendo importante uma discussão sobre o sentido das variações típicas e causas de aumento e diminuição de pena. Pois todo o procedimento é dependente do conteúdo da pronúncia, na qual o juiz, de forma fundamentada, tem de especificar já possíveis circunstâncias qualificadoras e causas de aumento de pena (art. 413, § 1.º, CPP). Os jurados são questionados sobre circunstâncias qualificadoras ou causas de aumento de pena reconhecidas na pronúncia ou em decisões posteriores que julgaram admissível a acusação (art. 483, V, CPP). Uma maior consciência por parte dos aplicadores em relação à justificação e significado das qualificadoras e causas de aumento de pena seria sem dúvida de proveito e ajudaria, mais uma vez, a conferir um pouco de segurança e racionalidade ao procedimento.

Por fim, o trabalho como um todo, esforçando-se por demonstrar a complexidade do problema, com as diversas considerações e argumentos evocados pelos autores citados, pode ser visto como uma demonstração de que não podemos fechar os olhos para o problema e relegar tudo ao sentimento pessoal de justiça, sobretudo, tratando-se de delitos tão importantes como os dolosos contra a vida. Se a convivência com o tribunal do júri, devido à previsão constitucional, é necessária, não é necessário que o compreendamos como uma carta branca para condenação ou absolvição, como uma espécie de cochilo da razão diante do imperscrutável das relações humanas. Se há razões para cominar uma punição mais rigorosa para homicídios cometidos em situações de violência doméstica ou contra policiais militares, essas razões devem contagiar sua interpretação e aplicação, em vez de serem abandonadas em nome de sabe-se lá quais valorações pessoais. Esta investigação em sua totalidade, portanto, justifica-se também como um incentivo implícito a repensar o tribunal do júri no Brasil.

1

ESCLARECIMENTOS CONCEITUAIS

1.1 O feminicídio como categoria jurídico-penal

O reconhecimento do feminicídio como categoria jurídico-penal implica uma séria de novas exigências que não existem nos campos científicos em que o conceito nasceu. É praxe já, por exemplo, em publicações jurídicas que têm por tema o feminicídio, referir-se aos trabalhos pioneiros de Jill Radford e Diana E. H. Russel e às definições ali desenvolvidas.[1] Essas contribuições pertencem, no entanto, aos estudos de gênero e às ciências sociais, e não é difícil verificar que

1. Ver, por exemplo: Cesano, José D.; Arocena, Gustavo A. *El delito de femicidio*: Aspectos político-criminales y analisis dogmático-jurídico, Montevideo/Buenos Aires: Bdef, 2013, p. 83-84. Diaz, Omar H. Evolución y desarollo del Feminicidio, p. 21-22. In: Diaz, Omar H.; *et alii, Mirada retrospectiva al delito de feminicidio*: evolución, fundamentación y sanción, Bogotá: Grupo Editorial Ibañez, 2013, p. 17-56. Souza, Luciano Anderson de; Ferreira, Regina Cirino Alves Ferreira. Feminicídio: primeiras observações, *Boletim IBCCrim,* São Paulo, Abril/2015, p. 4, Nota 1. Apontando, acertadamente, a inaplicabilidade imediata dessas definições ao direito penal: Vasquez, Patsilí T. *Feminicidio*: Consultoría para la Oficina en México del Alto Comisionado de las Naciones Unidas para los Derechos Humanos, México D.F.: OACNUDH, 2009, p. 25.

não se deixam, tal e qual expostas pelas autoras, trasladar ao direito penal. Nesses estudos, é preponderante uma perspectiva macro, em que o patriarcado é visto como regime político que regula estruturas e instituições sociais. O feminicídio, sob esse ponto de vista, é um fenômeno a ser analisado em suas conexões com outros fenômenos sociais. Assumindo a perspectiva das autoras, por exemplo, não seria absurdo afirmar uma relação entre diferença salarial entre homens e mulheres em posições semelhantes e o fato de serem mulheres as principais vítimas de estupro, ou entre publicidades de marcas de cerveja e a violência doméstica. Por sua vez, ao cientista do direito e ao penalista, em especial, cabe a análise de casos concretos e a atribuição de responsabilidades individuais. Aqui interessam antes a narrativa que compõe o caso e as circunstâncias em que agiram os envolvidos. A exigência de legalidade demanda uma definição rigorosa dos elementos típicos, e as noções de causalidade e imputação devem estar sujeitas a um constante esforço de delimitação pela doutrina e jurisprudência.[2]

Jill Radford define feminicídio como "o assassinato misógino de uma mulher por um homem"[3] e qualifica-o como uma forma de violência sexual, o que tem a pretensão de permitir que o feminicídio seja visto "no contexto de opressão genérica das mulheres em uma sociedade patriarcal".[4] Diana E. H. Russell e Jane Caputi sugerem que o feminicídio seja visto como "o limite extremo de um *continuum* de terror antifeminino que inclui uma ampla variedade de abusos físicos e verbais"[5], indo desde estupro e tortura até cirurgias plásticas e mutilações por razões estéticas. Sempre que essas formas de abuso físico

2. De forma acertada, nesse sentido, e ressaltando, inclusive, um possível efeito contrário à proteção almejada com a tipificação do feminicídio: Machado, Marta; Matsuda, Fernanda. Um copo meio cheio, *Boletim IBCCRim*, São Paulo, Maio/2015, p. 6.

3. Radford, Jill. Introduction, p. 3. In: Radford, Jill; Russell, Diana. *Femicide: the politics of woman killing*, New York/Toronto: Twayne Publishers, 1992, p. 3-12.

4. Radford, Jill. Introduction, p. 3. In: Radford, Jill; Russell, Diana. *Femicide: the politics of woman killing*, New York/Toronto: Twayne Publishers, 1992, p. 3-12.

5. Caputi, Jane; Russell, Diana E. H. Femicide: Sexist Terrorism against Woman, p. 15 In: Radford, Jill; Russell, Diana. *Femicide: the politics of woman killing*, New York/Toronto: Twayne Publishers, 1992, p. 13-21.

e verbal resultam em morte, tratar-se-ia de feminicídio. Percebe-se, assim, que a própria conceituação atende a um interesse analítico e político: evidenciar o feminicídio como uma forma de violência, talvez a mais extrema delas,[6] que uma sociedade patriarcal, conforme pressuposto pelas autoras, inflige às mulheres. Por outro lado, por mais que se considere a desigualdade de gênero um problema real, flexibilizar categorias jurídicas para perseguir, por meio delas, os mesmos objetivos que as autoras perseguem com suas conceituações pode representar uma grave ameaça a garantias fundamentais de um Estado de Direito. Com isso, não se está defendendo que o feminicídio é impossível como categoria jurídica, mas que a afirmação de que uma morte resultado de aborto numa clínica clandestina, uma cirurgia estética ou mesmo um estupro implicam, por si só, um crime misógino deve, aos olhos do jurista, ser vista com suspeição, se se deve atribuir ao termo "feminicídio" algum sentido em direito penal. Isso porque o passo seguinte à constatação do crime misógino é se perguntar pelo autor e pela pena que este merece, e que este tenha agido com motivação preponderantemente misógina é coisa bem distinta. Mais problemático ainda seria descarregar sobre esse agente isolado a responsabilidade por algo que se considera estruturador de relações sociais e que se utiliza do gênero como regime de poder, tal como as autoras entendem o patriarcalismo. Trata-se, na verdade, de uma confusão problemática entre considerações éticas de ordem coletiva e de ordem individual.[7]

A lei que regula o feminicídio no Brasil, a tomar pela redação que foi dada as suas normas, parece apontar exatamente para esse caminho problemático.[8] O feminicídio é primeiro tipificado, no art. 121, § 2.º,

6. Conforme Jill Radford, o tema é polêmico mesmo dentro do movimento feminista, pois muitas feministas ainda considerariam o estupro como a forma mais extrema de violência sexual: RADFORD, Jill. *Op. cit.*, p. 2.

7. Sobre a assimetria entre considerações éticas de ordem individual e coletiva, ver: PFORDTEN, Dietmar von der. *Normative Ethik*, Berlin: De Gruyer, 2010, p. 40.

8. Mais problemática ainda, nesse sentido, é a tipificação que foi dada ao feminicídio na Argentina. O artigo 80, inc. 11, do Código Penal argentino, prevê prisão perpétua para o homicídio cometido "a una mujer cuando el hecho sea perpetrado por un hombre y mediare violencia de género". O termo "violência de gênero", ao mesmo tempo que permite incluir homicídios cometidos

VI, como qualificadora do homicídio quando este é cometido "contra a mulher por razões da condição de sexo feminino." Depois, o § 2-A concretiza como se deve compreender a qualificadora: "Considera-se que há razões de condição de sexo feminino quando o crime envolve: I – violência doméstica e familiar; II – menosprezo ou discriminação à condição de mulher." Se o verbo "cometer" precisa se referir a um agente, àquele que comete o crime, "por razões..." tem de se referir a sua *motivação* ao praticar o crime, ao porquê da conduta delitiva, por exemplo, quando se diz que o agente cometeu o homicídio *porque* odeia mulheres. Assim, "razões de condição de sexo feminino" não pode significar uma circunstância objetiva, como a "violência doméstica e familiar". Outra interpretação seria afirmar que "por razões de condição de sexo feminino" se refere às *causas sociais* do delito, à particular condição social da mulher no Brasil, por exemplo, quando se diz que os ciúmes que levaram um homem a matar uma mulher têm raízes no machismo existente na sociedade brasileira e que, por isso, o crime tem sua causa na condição do sexo feminino. Mas, tomando-se essa interpretação, tornar-se impossível conciliar o inciso com a exigência de determinação que integra o princípio da legalidade e com imperativos mínimos de justiça. Pois como se determina em que medida o crime é explicado pela condição de sexo feminino? E, mais uma vez, por que o agente teria de responder sozinho por algo que tem raízes em toda a sociedade?

Disso se podem extrair já duas conclusões para a interpretação da qualificadora. A primeira é a de que o método utilizado pelo legislador não foi o de construir uma cláusula geral ("por razões de condição de sexo feminino") e dois exemplos claros em que essa cláusula se realiza (os dois incisos do § 2-A). Como aduzido acima, o inciso primeiro do § 2-A, que introduz uma circunstância de ordem objetiva ("a violência doméstica e familiar"), não pode ser subsumido à regra geral de ordem subjetiva. Se o feminicídio, tal como incorporado pela legislação brasileira, deve ser possível como

com motivação discriminatória, sugere também toda sorte de circunstâncias possivelmente consideradas como expressão de uma violência desse tipo, como um homicídio cometido em circunstância de violência doméstica ou simplesmente por ciúmes, sem que seja necessário perguntar por uma motivação discriminatória do agente.

categoria jurídico-penal, é preciso assumir, numa segunda conclusão, que foram criadas na verdade *duas qualificadoras isoladas*, uma de ordem objetiva e outra de ordem subjetiva.[9] Deve ser possível um homicídio cometido contra mulher em situação de violência doméstica ou familiar sem que o agente esteja imbuído da motivação discriminatória. Ao contrário, a motivação discriminatória não pressupõe qualquer tipo de violência prévia, aí incluída obviamente a violência doméstica e familiar. Determinante para se compreender a regulação do feminicídio são assim as duas modalidades previstas no art. 121, § 2-A.

Obviamente, poder-se-ia questionar o próprio sentido da distinção entre circunstâncias objetivas e subjetivas, mas é importante deixar claro em que solo se está pisando quando se abandona essa distinção. "O aprimoramento das almas não pode pertencer ao magistrado civil, pois seu poder só consiste em força externa (...)",[10] esse tem sido um dos *Leitmotive* da tradição liberal;[11] ninguém pode ser punido por meros pensamentos, convicções ou crenças. É a partir dessa tradição, por exemplo, que se desenvolve a teoria liberal dos bens jurídicos, a qual tem influenciado a produção legislativa em todo o mundo nas últimas décadas e servido ainda hoje como alicerce

9. De forma diferente, Luciano de Souza e Regina Ferreira afirmam que a "razão da qualificadora é de ordem subjetiva, e não objetiva". No entanto, não se logra compreender como "violência doméstica ou familiar" pode referir-se a um necessário elemento interno. Souza, Luciano A. de; Ferreira, Regina C. A. Ferreira. *Op. cit.*, p. 3.

10. Locke, John. A Letter Concerning Toleration, p. 13. In: Goldie, Mark (Org.). *A Letter Concerning Toleration and Others Writings*, Indianapolis: Liberty Fund, 2010, p. 1-67.

11. Essa distinção tem por base a concepção de pessoa evocada pelas teorias liberais, que pensa a constituição do caráter de pessoa de forma desatrelada de instituições sociais e políticas. Característica, nesse sentido, é a concepção hobbesiana de ser humano, que confere a este um direito natural de liberdade irrestrita para a preservação de sua natureza e vê-se, por isso, sempre confrontada com crítica do atomismo. Hobbes, Thomas. Leviathan: or the Matter, Form, and Power of a Commonwealth Ecclesiastical and Civil, p. 116. In: Bart, Sir William Molesworth. *The English Works of Thomas Hobbes*, Vol. III, London: John Bohn, 1839. Para uma discussão atual dessa crítica e uma saída baseada numa concepção jurídica de pessoa, ver: Forst, Rainer. *Kontexte der Gerechtigkeit*: Politische Philosophie jenseits von Liberalismus und Kommunitarismus, Frankfurt am Main: Suhrkamp, 1996, p. 20 ss.

teórico na tomada de decisões sobre questões que dominam o debate público.[12] A essa concepção estão vinculadas uma série de limitações à atividade punitiva do Estado, cuja aceitabilidade atualmente, pode-se dizer, revela-se muitas vezes intuitiva. Além da mencionada proteção ao *forum internum* do indivíduo, estariam fora do alcance de um direito penal legítimo, por exemplo, condutas consideradas meramente imorais, o autodano consciente e a proteção de meros sentimentos.[13] Assim, ao afirmar a indistinção entre circunstâncias objetivas e subjetivas, é preciso ser consequente e levar em conta todas as implicações que isso traz para o indivíduo, cuja proteção frente ao Estado ou deixa de existir, ou precisa ser explicada com base em outras premissas, visto que precisamente essa fronteira entre o individual e o coletivo perde seus contornos.

É conhecido, por exemplo, o debate entre H. L. A. Hart e Lord Devlin acerca da criminalização de práticas homossexuais na Inglaterra. Lord Devlin assume que a sociedade é sempre um produto de uma "comunidade de ideias, não só ideias políticas, mas também ideias sobre as formas em que seus membros se devem comportar e levar suas vidas (...)".[14] Disso dependeria a própria existência da sociedade: "a vinculação (*bondage*) é parte do preço da sociedade, e a humanidade, que depende de sociedade, tem de pagar o seu preço".[15] A mera imoralidade poderia então ser comparada à traição e assim

12. Exemplo disso é a recente discussão sobre o tratamento penal ao consumo de drogas no Brasil. Os três votos já apresentados no julgamento do Recurso Extraordinário (RE) 635659, que discute a constitucionalidade da criminalização do porte de drogas para uso pessoal, referem-se à proteção de bens jurídicos como pressuposto da atividade punitiva do Estado. No voto do ministro Edson Fachin, lê-se, por exemplo, que "caberia à teoria do bem jurídico identificar quais bens podem justificar a restrição à liberdade" e "somente havendo dano efetivo, porquanto haveria, por conseguinte, uma interferência na autonomia das outras pessoas, é que se pode legitimar a coerção". Disponível em: <http://www.stf.jus.br/arquivo/cms/noticiaNoticiaStf/anexo/RE635659EF.pdf> Acesso: 05.11.2015, p. 8.

13. Para uma exposição dos diversos objetos de proteção da teoria dos bens jurídicas: Roxin, Claus. *Strafrecht Allgemeiner Teil*, Band 1, 4. ed., München: C. H. Beck, 2006, p. 18-29.

14. Devlin, Patrik. *The Enforcement of Morals*, London: Oxford University Press, 1975, p. 10.

15. *Idem, ibidem*, p. 10.

estar sujeita a um tratamento penal, de forma semelhante à atividade de grupos subversivos. Mais um exemplo: Jakobs, sob nítida influência da crítica hegeliana à filosofia da consciência, afirma que consciência e subjetividade só seriam possíveis com a construção de um mundo objetivo, de um conjunto de normas que confeririam identidade a um aglomerado de indivíduos. "Subjetividade não é só pressuposto, mas consequência da sociabilidade",[16] e com isso desafia a diferença entre circunstâncias objetivas e subjetivas em um nível fundamental. A ideia de sujeitos livres e, com isso, de liberdades básicas de um Estado de Direito, como liberdade de pensamento e expressão, dependeria do fator contingente de que isso determine a descrição que a sociedade faz de si mesma, da sua autocompreensão. É dizer, essa distinção, assim como a própria noção de sujeito livre, seria normativamente construída, e nada teríamos a objetar contra sociedades que desconhecem essa noção ou que excluem dessa proteção determinados indivíduos, como no caso de uma sociedade escravocrata. Essa autodescrição também não impediria de falar, mesmo em sociedades comprometidas com o Estado de Direito, num direito penal do inimigo para aqueles que representam uma ameaça constante e fundamental à ordem. Em relação aos inimigos, "é permitido que o Estado não os trate mais como pessoas, pois, de outra forma, estaria violando o direito à segurança de outras pessoas".[17]

Com isso, não se quer, claro, desqualificar como absurdas essas formas de conceber o direito penal, que, ao contrário, merecem todo o elogio da consideração e crítica racional, mas apenas ressaltar alguns inconvenientes a serem enfrentados, se devemos ser consequentes com determinadas afirmações, tal como a de que não se podem distinguir circunstâncias objetivas de subjetivas. O caminho alternativo, no entanto, é igualmente pedregoso: se permanecemos vinculados a uma concepção liberal de direito penal, o feminicídio assume um caráter problemático como categoria jurídico-penal, pois se situa no limiar daquilo que, em geral, é considerado objeto ilegítimo de proteção do

16. Jakobs, Günther. Das Strafrecht zwischen Funktionalismus und "alteuropäischem" Prinzipiendenken, p. 852. *Zeitschrift für die gesamte Strafrechtswissenschaft* (ZStW), Berlin, 107, 1995, Heft 4, 843-876.

17. Jakobs, Günther. *Bürgerstrafrecht und Feindstrafrecht*, p. 93. HRRS, Hamburg, März 2004 (3/2004), p. 88-95.

direito penal. Uma das hipóteses do feminicídio, o cometido envolvendo "menosprezo ou discriminação à condição de mulher" (art. 121, § 2º-A, II, CP), assim como as outras qualificadoras de ordem subjetiva, sugere uma punição baseada em *meros pensamentos ou convicções*. Isso demanda uma investigação mais detalhada sobre a legitimidade da valoração penal de circunstâncias internas.

1.2 O feminicídio como qualificadora

Muitas vezes, o legislador pune de forma diferente ações que realizam os mesmos elementos típicos, se à realização desses elementos se agregam outras circunstâncias especiais. Sendo esse o caso, distinguem-se três possíveis formas de classificar essa diferença de punição: como delitos autônomos, como qualificação/privilégio de um tipo básico ou como causa de aumento/diminuição de pena.[18] Exemplo clássico de delito autônomo seria o roubo em relação ao furto e ao constrangimento ilegal, visto que resulta precisamente da justaposição de ambos os tipos. Do delito autônomo é necessário diferenciar as chamadas variações típicas, que podem ser qualifica-

18. Há uma certa polêmica na doutrina brasileira sobre o significado das variações típicas. No caso do delito de homicídio, não há divergências de que os incisos do art. 121, § 2.º, representam modalidades qualificadas do delito de homicídio. Não passa o mesmo, no entanto, com o homicídio privilegiado. De um lado, o próprio Código prevê, para o § 1.º, o *nomen juris* "Caso de diminuição de pena", e a exposição de motivos caracteriza as hipóteses do § 1.º como "homicídio com pena especialmente atenuada", referindo-se, por outro lado, às hipóteses do § 2.º como "qualificativas do homicídio". No entanto, vários autores se referem ao § 1.º como "homicídio privilegiado". Exemplificativamente: BRUNO, Aníbal, *Op. cit.*, p. 76, Nota 7. NORONHA, Magalhães. *Direito Penal*: Parte especial, Vol. 2, São Paulo: Saraiva, 2003, p. 21. JESUS, Damásio de. *Direito Penal*: Parte especial, 2.º Vol., 30. ed., São Paulo: Saraiva, 2010, p. 94. BUSATO, Paulo. *Direito Penal*: Parte especial 1, São Paulo: Atlas, 2014, p. 23. MIRABETE, Júlio; FABBRINI, Renato. *Manual de Direito Penal*: Parte especial Arts. 121-234B do CP, 30. ed., São Paulo: Atlas, 2013, p. 31. Defendendo a existência de apenas duas modalidades de homicídio, o simples e o qualificado: HUNGRIA, Nélson. *Comentários ao Código Penal*, Vol. 5, 5. ed. Rio de Janeiro: Forense, 1979, p. 31. Bittencourt sugere ser possível aplicação das categorias delito autônomo e privilegiado ao mesmo delito: "homicídio privilegiado ou *delictum exceptum* também é o infanticídio, embora este constitua crime autônomo, com sua pena correspondente e com *nomen juris* igualmente distinto". BITTENCOURT, César. *Direito Penal*: Parte especial 2, 13. ed. São Paulo: Saraiva 2013, p. 75.

ções ou privilégios. Ao art. 155, como tipo autônomo básico, por exemplo, subordinam-se as modalidades qualificadas (§§ 4.º e 5.º) e privilegiada (art. 156, furto de coisa comum). Por fim, há as causas de diminuição ou aumento de pena, as quais têm seu lugar sistemático na aplicação da pena.[19]

Pode-se pensar nas consequências dogmáticas dessas distinções, como, por exemplo, no caso de realização cumulada de mais de uma dessas figuras, ou nas consequências da realização de cada uma delas para os partícipes, segundo disposição do art. 30 CP.[20] Essas sutilezas dogmáticas não podem, no entanto, encobrir a necessidade de justificação que o próprio conceito de pena carrega em si. Um incremento de pena não pode ser justificado como uma mera referência

19. Nesse sentido, ver: Roxin, Claus. *Strafrecht*: Allgemeiner Teil, Band I, 4. ed., München: C. H. Beck, 2006, p. 340-342. Jescheck, Hans-Heinrich; Weigend, Thomas. *Lehrbuch des Strafrechts*: Allgemeiner Teil, 5. ed., Berlin: Duncker & Humblot, 1996, p. 268/270-272. Maurach, Reinhard *et alii*. *Strafrecht*: Allgemeiner Teil, Teilband 1, 8. ed., Heidelberg: C. F. Müller, 1992, p. 289-291. Heinrich, Bernd. *Strafrecht*: Allgemeiner Teil, 4. ed., Suttgart: Kohlhammer, 2014, p. 63-65. Santos, Juarez Cirino dos. *Direito Penal*: Parte Geral, 5. ed. Florianópolis: Conceito Editorial, 2012, p. 110-111.

20. De forma resumida, as consequências geralmente apontadas pela literatura são as seguintes. O delito autônomo pode ser concebido como delito base e, assim, existir nas modalidades qualificadas e privilegiadas. Essas qualificadoras e privilégios do delito autônomo, contudo, não podem ser aplicadas aos delitos, por sua vez, que o constituem. Por exemplo, aquele que rouba "com destruição ou rompimento de obstáculo à subtração da coisa" (art. 155, § 4.º, I, CP) não comete roubo qualificado, pois essa qualificante só se aplica ao furto. Inversamente, não é qualificado o furto "se a vítima está em serviço de transporte de valores e o agente conhece tal circunstância" (art. 157, § 2.º, III, CP). Outra consequência é a comunicação de circunstâncias de caráter pessoal, segundo determinação do art. 30, são comunicáveis a coautores e partícipes, a depender do que se entende por "elementares". No caso das variações típicas, a consequência dogmática é de que só é possível a realização simultânea das formas qualificada e privilegiada, se as respectivas consequências jurídicas do delito são conciliáveis. Se o legislador previu diferentes limites de pena privativa de liberdade, como é o caso do homicídio qualificado em relação ao infanticídio (pressupondo ser este um privilégio, e não um delito autônomo), as penas são incompatíveis e aplica-se apenas a modalidade privilegiada. Por outro lado, do ponto de vista dogmático, são possíveis todas as combinações entre qualificadoras ou privilégios e causa de aumento ou diminuição de pena, isto é, é possível uma causa que aumente ou diminua a pena de um delito qualificado ou que aumente ou diminua a pena de um delito privilegiado. Para as referências, ver nota de rodapé anterior.

a figuras dogmáticas, como "tipo autônomo", "variações típicas" ou "majorantes" e "minorantes". O simples fato de que o roubo é considerado um delito autônomo não é suficiente para explicar por que, por exemplo, não se devem aplicar as regras de concurso de crimes entre furto e constrangimento ilegal, já que implicaria provavelmente uma pena mais leve para o agente. Em verdade, essas distinções dogmáticas sugerem antes uma espécie de progressão na necessidade de justificação, se pensamos na pior descrição dentre as possíveis: o delito autônomo não só pode ter pena maior do que a dos delitos de que é derivado, como no exemplo do roubo, como se lhes podem também agregar qualificadoras e majorantes, e aos delitos qualificados, por sua vez, podem-se agregar majorantes. Disso resulta que, dentre as três figuras, a que mais carece de justificação é o delito autônomo e a que menos, as causas de aumento ou diminuição de pena.[21]

O feminicídio tem sido classificado de diferentes formas nos diversos países em que foi reconhecido.[22] No Brasil, como se sabe, foi recepcionado explicitamente como uma qualificadora do homicídio. Isso implica, por exemplo, que, caso se considere o art. 121, § 1.º, como causa de diminuição de pena, é possível a ocorrência do feminicídio em sua forma minorada. Isso é particularmente plausível na modalidade objetiva do feminicídio, isto é, aquele cometido em situação de violência doméstica e familiar, já que a motivação discriminatória do § 2.º-A, II, assim como os demais motivos considerados reprováveis, tende a excluir qualquer justificação que

21. Julgar estarem justificadas as gradações de pena com a mera referência a essas figuras dogmáticas seria antes uma forma de maquiar a necessidade de justificação que a pena carrega em seu próprio conceito. Esclarecedor, nesse sentido, seria assumir um pessimismo metodológico, que propugna pela pior descrição da realidade, dentre as diversas possíveis, e que revele, assim, a maior necessidade de justificação. Sobre o princípio do pessimismo metodológico: Greco, Luís. *Lebendiges und Totes in Feuerbachs Straftheorie: Ein Beitrag zur gegenwärtigen strafrechtlichten Grundlagendiskussion,* Berlin: Duncker & Humblot, 2009, p. 287 ss.

22. Sobre a tipificação do feminicídio em vários países da América Latina: Vasquez, Patsilí T. *Feminicidio: Consultoría para la Oficina en* México *del Alto Comisionado de las Naciones Unidas para los Derechos Humanos*, México D.F.: OACNUDH, 2009, p. 91-140.

explique uma redução da pena.[23] No entanto, mais fundamental do que isso é perceber que a punição do feminicídio, embora vinculado à do homicídio, não se justifica com a mera referência à violação do direito ou bem jurídico protegido pelo homicídio. Daí a importância da discussão sobre os princípios norteadores a ser exposta a seguir, os quais não só buscam conferir um fundamento para as qualificadoras, mas envolvê-las numa unidade coerente de justificação. A qualificação, como figura dogmática, implica também uma qualificação da justificação exigida para o incremento de pena.

Além disso, é necessário que essa justificação aponte o lugar sistemático, dentro da teoria do delito, que dá vazão a esse incremento de pena. Assumindo os requisitos tradicionais de punibilidade, o maior rigor do castigo pode se basear tanto numa intensificação do conteúdo de ilícito, quanto num maior grau de culpabilidade do agente.[24] Sem a referência a esses requisitos, a justificação da qualificadora perde seu ponto de contato com a teoria do delito e abre espaço para inconsistências dogmáticas e arbitrariedades na aplicação.

1.3 O feminicídio em sua modalidade subjetiva: motivos ou fins?

Mencionamos que o feminicídio, tal como positivado pelo legislador brasileiro, incorpora uma modalidade objetiva e uma subjetiva (Seção 1.1). Significa dizer que a nova lei adicionou mais uma hipótese de qualificação do homicídio com base em elemento subjetivo às qualificadoras já existentes (art. 121, § 2.º, I, II, V, CP). A redação

23. Peralta, José Milton. *Motivos reprochables, Una investigación acerca de la relevancia de las motivaciones individuales para el Derecho penal liberal.* Madrid: Marcial Pons, 2012, p. 199-202. Müssig, Bernd. *Mord und Totschlag: Vorüberlegungen zu einem Differenzierungsansatz im Bereich des Tötungsunrechts*, Berlin: Carl Heymanns Verlag, 2005, p. 245 ss. Ver também Seção 3.3.4 deste trabalho.

24. Nesse sentido: Grünewald, Anette. *Das vorsätzliche Tötungsdelikt*, Tübingen: Mohr Siebeck, 2010, p. 144 ss. Peralta, José Milton. *Op. cit.*, p. 151 ss. Hörnle, Tatjana, Zur Relevanz von Beweggründen für die Bewertung von Tötungsdelikten – am Beispiel seg. "Ehrenmorde", p. 656 ss. In: Freund, Georg *et alii* (Hrsg.). *Grundlagen und Dogmatik des gesamten Strafrechtssystems*: Festschrift für Wolfgang Frisch zum 70. Geburtstag, Berlin: Duncker & Humblot, 2013, p. 653-676.

do artigo determina que o homicídio envolvendo "menosprezo ou discriminação à condição de mulher" (art. 121, § 2.º-A, II) deve ser considerado como cometido em razão da condição de sexo feminino. O menosprezo ou a discriminação à condição de mulher deve se referir ao mundo interior do agente, às circunstâncias subjetivas que conduziram ao cometimento do crime, e não a elementos objetivos que, analisados em seu significado social, expressariam, por si só, a particular condição de menosprezo e discriminação que as mulheres sofrem no Brasil.

Sendo assim, pergunta-se como se pode dar contornos mais definidos a esse elemento subjetivo. É tradicional, quando se refere às circunstâncias que qualificam o homicídio, a menção da doutrina aos conceitos de motivos, meios, modos e fins.[25] Dentre estes, possuem indiscutível natureza subjetiva os motivos e os fins. Se se pergunta sobre a razão para distinção entre ambos, uma possível resposta seria afirmar que eles se referem a elementos psicológicos de natureza distinta, merecendo então tratamento diferenciado. Os motivos seriam aquilo que explica a realização da conduta, seriam resultado de uma observação retrospectiva, responderiam ao "porquê" do crime. Os fins, por sua vez, descreveriam estados de coisas que o agente, com sua ação, pretende realizar, teriam um sentido prospectivo, responderiam ao "para quê" da conduta.[26] Assim, o agente mata por cupidez, vingança, ciúmes; ou mata para ocultar outro crime, receber uma herança, dar cabo ao sofrimento de um parente com doença incurável.

25. BRUNO, Aníbal, *Crimes contra a pessoa*, 5. ed., Rio de Janeiro: Editora Rio, 1979, p. 77. NORONHA, Magalhães, *Direito Penal*: Parte especial, Vol. 2, São Paulo: Saraiva, 2003, p. 25-27. BITTENCOURT, César. *Direito Penal*: Parte especial 2, 13. ed. São Paulo: Saraiva 2013, p. 84. Nélson Hungria designa todas as circunstâncias subjetivas, inclusive as constantes do inc. V, como motivos determinantes: HUNGRIA, Nélson, *Comentários ao Código Penal*, Vol. 5, 5. ed. Rio de Janeiro: Forense, 1979, p. 163.

26. ALWART, Heiner. Der Begriff des Motivbündels im Strafrecht: am Beispiel der subjektiven Rechtsfertigungselemente und des Mordmerkmals Habgier, p. 438-439. *Goltdammers Archiv* (GA), Heidelberg *et alii*, 1983, p. 433-459. ESER, Albin. § 211, Rn. 14, p. 1793. In: SCHÖNKE, Adolf; SCHRÖDER, Horst (Hrsg.). *Strafgesetzbuch*: Kommentar, München: C. H. Beck, 2010.

Nesses termos abstratos, a distinção se mostra intuitiva e talvez seja de proveito para o direito penal; é preciso, no entanto, que se lhe dedique uma análise mais detida.

O primeiro passo é distinguir entre, chamemos assim, *circunstâncias subjetivas de primeira ordem* e *circunstâncias subjetivas de segunda ordem*. O finalismo, com sua vigorosa crítica ao conceito naturalista de ação, representa o último passo para o reconhecimento das chamadas elementares subjetivas, que já vinham sendo apontadas por outros autores.[27] Assim, não só o dolo é trazido para o tipo penal, como circunstâncias subjetivas passam a ser reconhecidas como *constitutivas* de determinados delitos. Ausentes essas elementares subjetivas, a ação não tem o mesmo significado e não merece a mesma valoração. O furto pressupõe a intenção de apropriar-se da coisa alheia móvel; o estelionato, a intenção de enriquecimento ilícito. De outro lado, há as circunstâncias subjetivas que não são constitutivas do delito, mas que o agravam na forma de qualificações ou causas de aumento de pena. Assim, por exemplo, o motivo fútil ou torpe no homicídio. Como visto no tópico anterior, esta última espécie de circunstâncias tem de se referir, para que a intensificação do castigo se justifique, ao ilícito ou à culpabilidade, ou seja, a razão para o aumento de pena que elas implicam dever ter fundamento no maior conteúdo de ilícito ou no maior grau de culpabilidade do agente.

Um possível aproveitamento da distinção entre motivos e fins para as circunstâncias subjetivas de primeira ordem talvez seja possível. Não podemos aqui, para explicar essa possível relevância da distinção, pretender mais do que uma suposição, que certamente demandaria maior investigação. A suposição é a seguinte: toda explicação de ações com base em motivos pode também ser traduzida como perseguindo determinado fim, se essa ação deve manter qualquer sentido prático. Dito de outra forma, se afirmamos que um crime foi cometido *por* cobiça, podemos dizer também, pelo menos, que o agente o cometeu *para* saciar seu desejo de cobiça. Se afirmarmos, ao contrário, que a cobiça foi o impulso *exclusivo* que levou à ação, sem a mediação de um momento reflexivo expresso na forma

27. Sieverts, Rudolf. *Beiträge zur Lehre von den subjektiven Unrechtselementen im Strafrecht*. Hamburg: De Gruyter, 1934, p. 4 ss.

de fins, mesmo que de forma bem abstrata, como no exemplo da cobiça, surgem necessariamente problemas relativos à culpabilidade do agente. Assim, uma vez que se trata de constituir um tipo penal, não faz sentido incluir elementos referidos já à culpabilidade do agente. Mais adequado, portanto, seria incluir circunstâncias subjetivas imediatamente sempre na forma de fins, que excluem possíveis referências à culpabilidade do agente. O infanticídio é, dessa forma, problemático como tipo penal, porque inclui uma circunstância subjetiva, o estado puerperal, que dificilmente se deixa traduzir como fim.

Quanto às de segunda ordem, é questionável que a distinção possa contribuir para responder à pergunta sobre por que determinados homicídios devem ser punidos com mais rigor que outros. Primeiro, porque, diferentemente das circunstâncias de primeira ordem, não se trata caracterizar um tipo penal, mas de qualificá-lo, o que pode ser feito com referência tanto ao grau de ilícito, quanto à maior culpabilidade do agente. Em relação a essa espécie de circunstâncias, a distinção parece, na verdade, perder seus contornos.[28] A hipótese de qualificação "mediante paga ou promessa de recompensa" (art. 121, § 2.°, I) foi positivada como exemplificação da cláusula geral do motivo torpe ("*ou por outro* motivo torpe"), mas não é difícil enxergar que paga e recompensa são igualmente fins perseguidos pelo agente; o agente mata *para* receber o pagamento ou a recompensa. No caso de "menosprezo ou discriminação à condição de mulher", passa o mesmo. Menosprezo e discriminação podem ser, de um lado, os motivos, o porquê do crime; nesse sentido, o autor cometeria o crime porque nutre sentimentos negativos em relação à mulher, por ódio, por intolerância ou, como se diz comumente, "por preconceito". Por outro lado, seria possível também dizer que o homicídio foi cometido para menosprezar, para discriminar, ou seja, para estabelecer ou reforçar diferenças entre homens e mulheres. Isso significa dizer que

28. Denunciam o caráter problemático da distinção: SCHMIDHÄUSER, Eberhard. *Gesinnungsmerkmale im Strafrecht*, Tübingen: J. C. B. Mohr Siebeck, 1958, p. 227-228. HEINE, Günter. *Tötung aus "niedrigen Beweggründen": Eine erfahrungswissenschaftlich-strafrechtsdogmatische Untersuchung zur Motivgeneralklausel bei Mord*, Berlin: Duncker & Humblot, 1988, p. 165 ss. STRATENWERT, Günter; KUHLEN, Lothar. *Strafrecht Allgemeiner Teil*, 6. ed., München: Franz Vahlen, 2011, Rn. 143, p. 112. GRÜNEWALD, Anette. *Das vorsätzliche Tötungsdelikt*, Tübingen: Mohr Siebeck, 2010, p. 93-96 ss.

assumir a distinção entre motivos e fins não nos oferece um critério seguro para interpretação da modalidade subjetiva do feminicídio e que sua aplicação significaria um ato de arbitrariedade. A sua subsunção ao conceito de motivo ou de fim depende, nesse caso, da perspectiva assumida por aquele que descreve a ação.

Ainda mais decisivo, no entanto, é a ausência de justificação para um tratamento normativo diferenciado entre motivos e fins de um delito. Não é compreensível, por exemplo, pelo menos à primeira vista, por que a qualificadora genérica do motivo torpe deve se restringir a circunstâncias subjetivas descritas na forma de motivos, e não poderia incluir também fins torpes. Se o objetivo é determinar o significado da qualificadora subjetiva do feminicídio, o melhor proceder metodológico *não* consiste em buscar uma definição *normativamente neutra* de atitude interna, motivos ou fins, mas perceber que a própria definição desses conceitos é já dependente de *valorações prévias*, perceber que sua definição se vincula às teorias de legitimidade da pena.[29] Exemplificando: Michael Köhler, que advoga uma concepção retributivista de pena, enxerga em toda motivação do agente uma máxima, uma regra de conduta, pois pressupõe um momento de reflexão do agente sobre seus estímulos e inclinações. É essa reflexão que caracteriza o agir em liberdade e justifica uma punição.[30] Um determinista, como P. J. A. Feuerbach, por outro lado, pode prescindir do elemento da reflexão e basear a pena numa faculdade de desejar animal (*tierisches Begehrungsvermögen*), em que a motivação é definida como resultado de uma mera associação psicológica, sem a necessidade de um momento de reflexão e arbítrio.[31] Essas duas posições, às quais recorremos aqui apenas para exemplificar a permeabilidade valorativa da definição de motivos, serão posteriormente

29. Peralta, José Milton. *Motivos reprochables*. Una investigación acerca de la relevancia de las motivaciones individuales para el Derecho penal liberal. Madrid: Marcial Pons, 2012, p. 29-30.

30. Köhler, Michael. Zur Abgrenzung des Mordes erörtert am Mordmerkmal "Verdeckungsabsicht", p. 130. *Goltdammers Archiv* (GA), Heidelberg *et alii*, 1980, p. 130-138.

31. Feuerbach, P. J. A. von. *Revision der Grundsätze und Grundbegriffe des positiven peinlichen Rechts*, Zweiter Teil, Chemnitz: Verlag von Georg Friedrich Heyer, 1800, p. 148 ss.

objeto de tratamento mais detalhado neste trabalho (Seções 3.1.1 e 3.2.4).

Essas considerações nos obrigam, de um lado, a uma conclusão desalentadora, qual seja, a de que um esforço para definir motivos e fins não nos levará muito longe na tentativa de concretizar o conteúdo da qualificadora subjetiva do feminicídio, se o tomamos como o que, à primeira vista, parece ser: uma circunstância subjetiva de segunda ordem que agrava o homicídio. Por outro lado, elas servem como indicador de um caminho seguro que pode nos conduzir à concretização almejada: a discussão sobre os fins que legitimam a punição, que, para o tema objeto deste estudo, assume a forma de uma discussão sobre os princípios norteadores da distinção entre homicídio simples e qualificado e, portanto, sobre a justificação do incremento de pena pressuposta pela qualificação do homicídio.

2

DELIMITAÇÃO DOS PROBLEMAS E EXPOSIÇÃO DE CASOS

2.1 Formulação dos problemas

No tópico anterior, realizamos uma aproximação conceitual na forma de um afunilamento, em que o feminicídio é primeiro analisado como categoria jurídico-penal, depois como qualificadora e, mais concretamente, em sua modalidade subjetiva, à qual dedicaremos maior atenção neste estudo. Com base nesse proceder, não obtivemos uma definição acabada do conceito de feminicídio, senão uma maior precisão dos problemas a serem enfrentados. Busquemos então, por razões de clareza, sintetizá-los aqui, antes de passarmos a seu tratamento. A importância da discussão desses problemas será evidenciada com a exposição de casos hipotéticos. Com isso, buscamos conferir maior concreção à discussão e assegurar à investigação, depois de apresentadas algumas soluções, uma forma de avaliar sua relevância prática. Passemos então à delimitação dos problemas.

O primeiro problema resultou da análise do feminicídio como uma categoria jurídico-penal. Perguntava-se ali, em primeiro lugar, o que distingue um conceito jurídico-penal de outros conceitos e, concretamente, no caso do feminicídio, como o feminicídio, ao ingressar no direito penal, diferencia-se do feminicídio como objeto dos estudos de gênero e das ciências sociais. Isso nos coloca diante do desafio, proposto por teorias liberais do direito penal, de justificar a punição com base na consideração de elementos meramente internos. Formulando o problema de forma concreta: *Por que é legítimo que o Estado puna de forma mais intensa alguém que cometeu um homicídio por menosprezo ou discriminação à condição de mulher, sendo essa circunstância subjetiva a única coisa que o diferencia de outros homicídios apenados com menor rigor?*

O segundo problema resulta da ênfase conferida à figura de um delito qualificado, à qual se subsume o feminicídio. Na respectiva seção, argumentamos que a mera referência à figura dogmática da qualificação não é suficiente para justificar o incremento de pena cominado a determinados homicídios. Além disso, ressaltamos que esse incremento precisa ser referido a, pelo menos, um dos requisitos tradicionais do delito, ilícito ou culpabilidade. Isso nos obriga a pensar de forma sistemática e vincular a justificação do feminicídio às demais qualificadoras do homicídio. Essa função é desempenhada pelos princípios norteadores da distinção entre homicídio simples e qualificado. Mais uma vez, concretizando a pergunta para a modalidade subjetiva do feminicídio: *Qual característica o menosprezo e a discriminação à condição de mulher têm em comum com outras circunstâncias objetivas e subjetivas, sendo essa característica em comum aquilo que justifica um incremento de pena no caso de homicídio?*

O terceiro problema deu-se da análise do feminicídio como circunstância subjetiva e consiste basicamente num problema de determinação do conteúdo da qualificadora. Diferenciações empregadas pela doutrina, como entre motivos e fins, não são capazes, por si só, de nos oferecer maior determinação aos conceitos tratados. Sintetizando a pergunta: *Qual o conteúdo normativo do art. 121, VI, § 2.º-A, II, CP, ou, de forma direta, o que significa "menosprezo ou discriminação à condição de mulher"?*

Conforme defendido ao fim da Seção 1.3, um proceder que partisse de uma definição neutra de atitude interna, motivos ou fins seria antes problemático, pois correria o risco de encobrir valorações implícitas nas definições. Por essa razão, quanto a esta última pergunta, isto é, à pergunta sobre a determinação do conteúdo do feminicídio em sua modalidade subjetiva, assumimos, como hipótese de trabalho, que as repostas às duas primeiras perguntas poderão oferecer parâmetros razoáveis para interpretação da qualificadora. A satisfação desse objetivo poderá ser verificada, como dito, ao fim da investigação, por meio da aplicação das respostas aos seguintes casos concretos, os quais passamos a expor.

2.2 Exposição de casos

Caso 1. Marc Lépine, de 25 anos e aficionado por revistas Combat, preparou-se para guerra e partiu para a faculdade de engenharia. Na sala de aula, ele separou mulheres de homens, mandou que os homens saíssem e, gritando "vocês são todas umas feministas de merda", disparou contra as mulheres. Durante meia hora de tumulto, Lépine matou 14 mulheres, feriu outras nove mulheres e quatro homens e tentou usar arma contra si mesmo, não obtendo sucesso por falta de munição. Uma carta de suicídio de três páginas, encontrada em sua casa, culpava as mulheres, que o teriam rejeitado e menosprezado, por todas as suas falhas. Com ele, também foi encontrada uma lista de morte de quinze mulheres proeminentes.[1]

Caso 2. Francisco é professor de um tradicional internato de elite para garotos. Ele mesmo estudou na escola e leciona ali há décadas. Desenvolveu, ao longo desses anos, verdadeiro amor pela instituição, traduzido numa dedicação ao seu ofício que vai além das exigências contratuais e numa sincera preocupação pelos rumos da escola. A direção da escola resolveu, há pouco tempo, rever a tradicional destinação do acesso apenas a meninos, passando também a aceitar a matrícula de meninas. Francisco, que permanece aferrado aos valores tradicionais com que foi educado e a uma clara divisão de papéis entre homem e mulher, está convicto de que a aceitação

1. Este caso é uma versão levemente modificada de um caso real mencionado por Jane Caputi e Diana Russel. O caso foi literalmente reproduzido tal como descrito pelas autoras, tendo sido acrescentado apenas a informação inverídica de que Lépine não lograra o suicídio. CAPUTI, Jane; RUSSELL, Diana E. H.. Femicide: Sexist Terrorism against Woman, p. 13 In: RADFORD, Jill; RUSSELL, Diana. *Femicide*: the politics of woman killing, New York/Toronto: Twayne Publishers, 1992, p. 13-21.

de meninas na escola prejudicará a qualidade do ensino e atingirá a boa reputação da instituição, tendo inclusive apresentado seu ponto de vista em discussões acaloradas com colegas e com a direção da escola. Francisco argumentava também que a presença das meninas seria fator de distração para os meninos e que poderia ser inclusive perigoso para elas, já que se tratava de um colégio interno. Algumas horas após a aula, depois de uma discussão com a direção da qual Francisco saiu particularmente transtornado, viu que uma aluna entrou sozinha no banheiro. Verificando que o banheiro estava vazio, invadiu o boxe em que ela estava e estrangulou-a. Depois de morta, Francisco infligiu ferimentos ao cadáver, de modo a parecer que a garota tinha sido estuprada.

Caso 3. Raimundo e Maria são namorados e vivem uma relação amorosa conturbada. Raimundo já esteve com outras mulheres e não vê grandes problemas nisso, mas é possessivo e sente intensos ciúmes de Maria, não suportando a ideia de uma traição por parte dela. Em conversas com amigos, Raimundo comentou, algumas vezes, que acredita ser da natureza masculina buscar satisfação com várias mulheres, mas que uma mulher decente deve permanecer fiel e que ele seria mesmo capaz de matar Maria, se descobrisse que ela o está traindo com outro homem. Acontece que Maria estava de fato sendo infiel, e Raimundo tomou conhecimento disso num dia em que, tendo sido orientado por um amigo, foi ao lugar em que Maria costumava encontrar o amante. Raimundo, que pegara uma faca antes de sair de casa, matou Maria a punhaladas.

Caso 4. José é um pistoleiro conhecido nos rincões em que vive por sua valentia e crueldade. Traz um passado carregado de ousados e impiedosos crimes. Segue, rigorosamente, contudo, uma única regra de conduta no exercício de sua atividade ilícita: não mata mulheres. Tivera na mãe, que morreu quando ainda era menino, a única fonte de proteção e afeto dentre as muitas agruras de uma infância difícil. Atribui às mulheres em geral, para compensar o amor que lhe foi dedicado pela mãe, um valor especial, o que o levou a poupá-las na sua vida de malfeitos. Outros pistoleiros da região, não podendo superar José em valentia, passaram a espalhar boatos de que se tratava de uma fraqueza do pistoleiro, de que José tinha na verdade medo de mulheres. Percebendo que estava perdendo espaço na região e que isso, inclusive, levava à morte de mais mulheres, já que os outros pistoleiros não faziam a mesma restrição, decidiu que mataria uma mulher para dar cabo à situação e executou o plano.

Não é nossa intenção analisar os casos agora, mas ao fim, quando estivermos de posse de algumas respostas. Aqui, bastam algumas considerações. Os casos foram elaborados com a intenção de formar um *continuum* em que o sentido de menosprezo e discriminação do delito perde progressivamente seu caráter manifesto. Nos dois primeiros, ganham relevo, sobretudo, problemas relativos à legitimidade e justificação qualificadora: por que alguém que mata por ódio a mulheres ou por ser contra a entrada de mulheres num colégio pode e deve ser punido de forma mais rigorosa? Esses casos, no entanto, não estão livres de problemas de determinação, como demonstra, principalmente, o segundo caso. Seria discriminação ou menosprezo querer que mulheres não tenham acesso a um colégio privado? Esses problemas de determinação se acentuam, o que o segundo caso já deixa antever, à medida que deixamos aos poucos o que seria uma esfera pública e ingressamos numa esfera de autonomia privada, como demonstra, sobretudo, o terceiro caso. Trata-se ali de eventual discriminação ou menosprezo que se realiza no interior de uma relação afetiva. O último caso, por fim, aventa a possibilidade de discriminação em um sentido neutro, lançando luzes sobre o problema de sua determinação normativa.

Realizada a delimitação dos problemas e a exposição dos casos, podemos passar então ao enfrentamento dos problemas. Começaremos a discussão pelo segundo problema exposto acima, isto é, o problema dos princípios norteadores da distinção entre homicídio simples e qualificado. Essa opção se baseia em duas razões: em primeiro lugar, porque, como já afirmado, a definição de motivos e fins não pode ser feita a despeito de uma discussão sobre a justificação da pena, mas, ao contrário, é dependente desta; em segundo lugar, porque a discussão do primeiro problema, o problema da legitimidade da consideração das circunstâncias subjetivas, pressupõe uma concepção liberal de direito penal, e, se começarmos por este problema, estaríamos, de forma injustificada, ignorando tentativas de explicar o homicídio qualificado que destoam dessa concepção.

3

A DISCUSSÃO SOBRE OS PRINCÍPIOS NORTEADORES DA DISTINÇÃO ENTRE HOMICÍDIO SIMPLES E HOMICÍDIO QUALIFICADO

3.1 O formalismo: a premeditação e a desproporcionalidade entre meio e fim

3.1.1 A premeditação

A premeditação, como critério para a distinção entre homicídio simples e qualificado, tem longa história. Embora seja discutível se suas raízes alcançam já o direito romano ou direito germânico medieval, em especial a Constitutio Criminalis Carolina de 1532,[1] certo é que foi adotado explicitamente para distinguir entre *assassinat* (com premeditação) e *meurtre* (sem premeditação) no *Code pénal*

1. Nesse sentido: GRÜNEWALD, Anette. *Das vorsätzliche Tötungsdelikt*, Tübingen: Mohr Siebeck, 2010, p. 57 ss. Para um amplo panorama histórico do desenvolvimento do critério: THOMAS, Sven. *Die Geschichte des Mordparagraphen: eine normgenetische Untersuchung bis in die Gegenwart*, Studienverlag Bochum: Dr. N. Brockmeyer, 1985, p. 164-238.

francês de 1971 e no de 1810,[2] e para a distinção entre *Mord* (com premeditação) e *Totschlag* (sem premeditação) no Código Penal da Baviera de 1813, elaborado sob influência de P. J. A. Feuerbach. No Brasil, ao contrário dos exemplos referidos, a premeditação nunca teve essa posição sistemática determinante para a distinção, mas foi incluída numa casuística de circunstâncias agravantes para o homicídio tanto no Código Imperial de 1830 (art. 192), quanto no Código republicano de 1890 (art. 294). O Código Penal de 1940 aboliu a premeditação mesmo como circunstância agravante, mas não é exagero afirmar que o critério segue vivo na jurisprudência, sobretudo como indicador de particular periculosidade do agente.[3]

O reconhecimento explícito do critério e sua incorporação em codificações teve seu ponto alto na primeira metade do século XIX[4] e, segundo afirma Sven Thomas, "não pode ser separado do ambiente histórico das ideias iluministas (...)".[5] Lançando mão desse critério,

2. A redação conferida à época aos respectivos artigos é a seguinte: "Título II, Artigo 11. O homicídio cometido com premeditação será qualificado como assassinato e punido com a morte"; "Art. 296. Todo homicídio cometido com premeditação ou ardil será qualificado como assassinato". Na redação original: "Titre II, Article 11. L'homicide commis avec préméditation, sera qualifié d'assassinat et puni de mort"; "Art. 296. Tout meurtre commis avec préméditation ou guet-apens est qualifié assassinat."

3. Ver, por exemplo, as seguintes decisões: HC 120.253/MS, rel. Min. Nefi Cordeiro, 6ª T., julgado em 23.06.2015, *DJe* 03.08.2015; RHC 58.119/RN, rel. Ministra Maria Thereza de Assis Moura, 6ª T., julgado em 21.05.2015, *DJe* 29.05.2015; RHC 54.138/PE, rel. Min. Leopoldo de Arruda Raposo (desembargador convocado do TJPE), 5ª T., julgado em 19.03.2015, *DJe* 14.05.2015; RHC 48.620/PE, rel. Ministra Maria Thereza de Assis Moura, 6ª T., julgado em 06.11.2014, *DJe* 19.11.2014; RHC 49.983/SP, rel. Min. Marco Aurélio Bellizze, 5ª T., julgado em 21.08.2014, *DJe* 29.08.2014.

4. Liszt, num estudo de direito comparado publicado em 1905, apresenta uma extensa lista de países que assumiram o critério da premeditação segundo o modelo franco-germânico: Bélgica, Romênia, Mônaco, Luxemburgo, Turquia, Egito, Japão, Sicília, Parma, Sardenha, Toscana, Grécia, Sérvia, Bulgária, Rússia, Portugal, Argentina, Bolívia, Paraguai, além de vários cantões suíços. LISZT, Franz von. Verbrechen und Vergehen wider das Leben, p. 38. In: BIRKMEYER, Karl *et alii* [Hrsg.]. *Vergleichende Darstellung des deutschen und ausländischen Strafrechts: Vorarbeiten zur deutschen Strafrechtsreform*, V. Band, Berlin: Verlag von Otto Liebmann, 1905.

5. THOMAS, Sven. *Die Geschichte des Mordparagraphen: eine normgenetische Untersuchung bis in die Gegenwart*, Studienverlag Bochum: Dr. N.

lograva-se não só uma maior sistematização e racionalidade no tratamento dos vários tipos de homicídios, antes submetidos a tratamento casuístico, como levava às últimas consequências a máxima iluminista do *sapere aude*, revelando a face obscura do uso da reflexão. Indicativo dessa afinidade entre o critério da premeditação e o pano de fundo das ideias iluministas é o importante papel que ele desempenha no pensamento jusfilosófico de nomes diretamente associados ao iluminismo, como Immanuel Kant e P. J. A. Feuerbach. Tratemos então a seguir das ideias dos dois autores no que se refere ao homicídio e à premeditação.

Ao contrário do que parece ser hoje o entendimento corrente, que considera imputabilidade como um atributo do agente, Kant entende o grau de imputabilidade (*Grad der Zurechnungsfähigkeit*)[6] como referido diretamente às ações; noutras palavras, a cada ação isolada corresponderia um grau de imputabilidade do fato e de suas consequências ao agente. Esse grau seria determinado por um balanço dos obstáculos de ordem natural e de ordem moral a serem superados ao realizar a ação, de modo que "quanto menor forem os obstáculos naturais e maiores os obstáculos por razões de dever, com mais intensidade será imputada (por culpa) a violação".[7] É por isso que, de um lado, poder-se-ia falar em permissão para infligir um mal a outrem num estado de necessidade;[8] de outro lado, haveria uma

Brockmeyer, 1985, p. 174.

6. O que se denomina predominantemente culpabilidade recebia, até meados do século XIX, em geral, a denominação de imputabilidade. Nesse sentido: KÖHLER, Michael. *Strafrecht*: Allgemeiner Teil, Berlin/Heidelberg: Springer, 1997, p. 349.

7. KANT, Immanuel. Metaphysik der Sitten (1797), p. 228. In: *Kants gesammelte Schriften*, Band VI, Berlin, hg. von der Königlich Preußischen Akademie der Wissenschaften, 1907, p. 203-495.

8. Kant afirma que o estado de necessidade não se determina segundo uma lei objetiva, "mas deve ser entendido de forma meramente subjetiva, tal como, perante juízo, a sentença seria prolatada". Essa ideia de algo que pode ser subjetivamente prescrito é a imputabilidade: "Imputação (*imputatio*) em sentido moral é um juízo, por meio do qual alguém é tido como autor (causa libera) de uma ação, que então se chama ato (*factum*) e submete-se a uma lei (...). Aquela pessoa (física ou moral) que, por força do direito, tem a competência para imputar denomina-se juiz ou também tribunal (*iude* s. *forum*)". KANT, Immanuel. Metaphysik der Sitten (1797), p. 227. In: *Kants gesammelte Schriften*, Band VI,

diferença no grau de imputabilidade caso "o sujeito tenha realizado o ato sob estado emotivo (*im Affect*) ou com fria premeditação (*mit ruhiger* Überlegung) (...)".[9]

O grau de imputabilidade, do qual é expressão o par de opostos emoção/premeditação, é apresentado como um dos "conceitos preliminares a uma metafísica dos costumes", querendo isso dizer que é um conceito que se aplica a toda a filosofia prática, subdivisão da filosofia em que a ação humana é vista sob a perspectiva do livre-arbítrio. Tem-se, com isso, uma dimensão da importância conferida ao critério. Kant não oferece uma exposição mais detalhada da premeditação, nem a refere diretamente a uma distinção entre homicídio simples e qualificado,[10] mas, em seu pensamento, como se pode verificar, encontra-se já uma resposta para a pergunta que aqui de fato nos interessa: "como e por que a premeditação pode justificar um aumento da intensidade da pena?" Aquele que age com premeditação carrega maior grau imputabilidade e pode, com mais razão, ser considerado como autor do ato ilícito e de suas consequências.

Em Feuerbach, o mesmo critério da premeditação recebe suporte teórico diferente e tratamento mais concreto, determinando,

Berlin, hg. von der Königlich Preußischen Akademie der Wissenschaften, 1907, p. 203-495.

9. *Idem, ibidem*, p. 228.

10. No fim do célebre trecho sobre o caráter retributivo da pena, Kant menciona uma distinção entre homicídio (*Tötung*) e assassinato (*Mord*). O assassinato constitui a regra, sempre punido com a pena de morte, ao passo que o homicídio restringe-se a duas hipóteses nas quais há violação do sentimento de honra: a morte de um filho ilegítimo pela mãe (*infanticidium maternale*) e a morte como consequência de um duelo (*commilitonicidium*). A razão para o privilégio é que, em ambos os casos, a legislação por si só não poderia suprimir a mácula da desonra, "de modo que parece que as pessoas, nesses casos, encontram-se num estado de natureza (...), sendo ambos, em todo caso, puníveis, mas não com a pena de morte por parte do poder soberano". KANT, Immanuel. Metaphysik der Sitten (1797). p. 336. In: *Kants gesammelte Schriften*, Band VI, Berlin, hg. von der Königlich Preußischen Akademie der Wissenschaften, 1907, p. 203-495. O fato de que Kant apresenta a distinção nesses termos não implica uma menor importância da premeditação em seu pensamento, pois, como exposto acima no corpo de texto, é ela, enquanto expressão do balanço de obstáculos naturais e morais, que determina a distinção do grau de imputabilidade não só entre os diferentes tipos de assassinatos, mas de todas as ações consideradas sob o ponto de vista da liberdade.

inclusive, o sentido e momento em que a premeditação deve se dar.[11] Feuerbach faz referência explicita ao critério para a distinção entre homicídio simples e qualificado: "o crime de homicídio doloso divide-se em homicídio simples (*Todschlag*), homicídio cometido em estado emotivo (*Affect*) não premeditado e homicídio qualificado, o assassinato (*Mord*), o homicídio por premeditação e arbítrio".[12] Por trás dessa afirmação, está, primeiramente, a conhecida teoria da coação psicológica.[13] Todo ilícito tem um fundamento psicológico empírico, um estímulo sensível, como a libido, a cupidez ou o desejo de vingança, e a tarefa da cominação penal consiste em neutralizar esses motivos através da vinculação do ato a um mal, a pena, que deve ser maior que a satisfação obtida com a realização desse ato. Isso pressupõe, pelo menos, que toda ação ilícita é psicologicamente determinada, devendo ser compreendida segundo sua causalidade natural como parte do mundo sensível, e o agente, como "*homo phenomenon*".[14] Em segundo lugar, o critério pressupõe a bem menos conhecida distinção entre faculdade de desejar arbitrária (*willkürliches Begehrungsvermögen*) e faculdade de desejar animal (*tierisches Begehrungsvermögen*).[15-16] A primeira corresponde a uma determi-

11. "Essa condição [a premeditação] está presente se a própria deliberação de matar foi determinada por meio de premeditação ou se, na execução da deliberação e na escolha dos meios, estava presente a premeditação." Feuerbach, P. J. A. von. *Lehrbuch des gemeinen in Deutschland gültigen peinlichen Rechts*. 8. ed., Gießen: Verlag von Georg Friedrich Heyer, 1823, p. 192.

12. Feuerbach, P. J. A. von. *Op. cit.*, p. 191.

13. Sobre a teoria da coação psicológica em Feuerbach como fundamento da punição jurídica: Naucke, Wolfgang. *Kant und die psychologische Zwangstheorie Feuerbachs*. Hamburg: Hansischer Gildenverlag, Joachim Heitmann & Co., 1962, p. 39 ss. Especificamente sobre a psicologia subjacente à teoria da coação psicológica: Greco, Luís. *Lebendiges und Totes in Feuerbachs Straftheorie: Ein Beitrag zur gegenwärtigen strafrechtlichten Grundlagendiskussion*, Berlin: Duncker & Humblot, 2009, p. 87 ss.

14. Feuerbach, P. J. A. von. *Lehrbuch des gemeinen in Deutschland gültigen peinlichen Rechts*. 8. ed., Gießen: Verlag von Georg Friedrich Heyer, 1823, p. 16 ss.

15. Feuerbach define faculdade desejar em geral como "a faculdade de se determinar para a realização do objeto de uma representação". Feuerbach, P. J. A. von. *Revision der Grundsätze und Grundbegriffe des positiven peinlichen Rechts*, Zweiter Teil, Chemnitz: Verlag von Georg Friedrich Heyer, 1800, p. 146. De forma semelhante, Kant: "Faculdade de desejar é a faculdade de, através de suas representações, ser a causa do objeto dessas representações."

nação racionalista da vontade, em que a decisão por um curso de ação é precedida por um cálculo prudencial, uma ponderação de interesses, levando-se em conta as circunstâncias concretas e as possíveis alternativas. A segunda é caracterizada pela vinculação de determinadas representações a sensações de prazer, o que gera, mediada por outras sensações,[17] uma inclinação à realização do objeto dessas representações sem que haja a intervenção de um momento de reflexão, por mera associação entre diferentes representações. O homicídio por ímpeto ou forte emoção pode ser repelido com a mera associação psicológica da representação da conduta criminosa ao mal que caracteriza a pena. Ao homicídio por arbítrio ou premeditação, por outro lado, precisa que se lhe vincule uma pena mais intensa, de modo a dissuadir alguém que, em fria avaliação de todas as circunstâncias, sinta-se ainda compelido a cometer o crime. Feuerbach atribui então ao *Mord* a pena da roda, em que o criminoso geralmente é atado a uma roda de carroça e tem seus membros um a um quebrados por um carrasco e deixado ali para que morra dos ferimentos, ao passo que para o *Totschlag*, a morte pela espada.[18]

Kant, Immanuel. Metaphysik der Sitten (1797), p. 211. In: *Kants gesammelte Schriften*, Band VI, Berlin, hg. von der Königlich Preußischen Akademie der Wissenschaften, 1907, p. 203-495.

16. É mérito de Luís Greco ter chamado atenção para essa distinção, que demonstra infundada a frequente objeção de que o pensamento de Feuerbach seria baseado numa psicologia excessivamente racionalista. Ver: Greco, Luís. *Op. cit.*, 2009, p. 96-107.

17. De forma mais precisa: a vinculação da sensação de prazer a uma representação é, para Feuerbach, apenas o primeiro momento, ao qual se seguem uma sensação de necessidade e de dor, que, por fim, acende o desejo pela realização do objeto da representação: "Parte-se de representações isoladas. Essas representações isoladas determinam, por meio da representação de prazer e desprazer, o apetite (Gelüste). Esse apetite acende a necessidade, e a necessidade suscita dor, e a dor determina o desejo." Feuerbach, P. J. A. von. *Revision der Grundsätze und Grundbegriffe des positiven peinlichen Rechts*, Zweiter Teil, Chemnitz: Verlag von Georg Friedrich Heyer, 1800, p. 152.

18. *Idem, ibidem*, p. 197. Sobre a pena da roda: Kaufmann, E., Rädern, pp. 135-138. In: Erler, Adalbert; Kaufmann, Ekkehard [Hrsg.]. *Handwörterbuch zur deutschen Rechtsgeschichte*, IV. Band, Protonotarius Apostolicus – Strapro-zeßordnung, Berlin: Erich Schmidt Verlag, 1990.

Uma tentativa recente de reabilitar o critério da premeditação foi levada a cabo por Michael Köhler.[19] De forma semelhante a Kant, a premeditação indica também para Köhler o grau de efetiva liberdade sob a qual a ação foi realizada. Culpabilidade "consiste na decisão relativamente livre contra a prescrição reconhecida da norma (culpabilidade da vontade) (...)",[20] de modo que se pode falar numa "forma integral da culpabilidade",[21] isto é, uma violação à norma que atinge o grau máximo de culpabilidade. Se o agente, pelo menos na fase de execução, combina a reflexão sobre seus motivos com o conteúdo da norma que proíbe a ação, tem-se caracterizado um crime premeditado, que coincide com a culpabilidade em sua forma integral. Ao contrário, se ele age sob forte emoção, no calor do momento, só se poderia falar em relativa atualização da liberdade, e a culpabilidade não se verifica em sua forma integral, senão atenuada pela ausência de reflexão. Assim como a culpabilidade pressupõe a consciência do ilícito, pressupõe que para o agente fosse claro o caráter juridicamente reprovável de sua ação, a premeditação também não é mais do que a concretização desse requisito, a sua inserção na complexidade de uma situação concreta. Com isso, a intensidade da reflexão que o agente exerce sobre seus motivos, por exemplo, a plena consciência de que vai matar para se eximir de uma persecução penal, tem consequências imediatas para o grau de sua culpabilidade. Ressaltamos desde já, contudo, que a concepção de homicídio qualificado proposta por Köhler não se limita a isso, incorporando ainda outro elemento além da premeditação. Por essa razão, voltaremos a tratá-la em tópico posterior (Seção 3.2.4).

19. Outro exemplo é a posição de Gehard Wolf, que chega a afirmar ser o critério, sozinho, suficiente para explicar a distinção entre homicídio simples e qualificado, tal como predominante nos séculos XVIII e XIX. Ver: Wolf, Gerhard. Mörder oder Totschläger? Zum 60jährigen Bestehen des § 211 StGB. p. 532. In: Amelung, Knut; *et alii, Strafrecht, Biorecht, Rechtsphilosophie: Festschrift für Hans-Ludwig Schreiber zum 70.* Geburtstag am 10. Mai 2003, Heigelberg: C. F. Müller, 2003, p. 519-532.

20. Köhler, Michael. Zur Abgrenzung des Mordes erörtert am Mordmerkmal "Verdeckungsabsicht", p. 130. *Goltdammers Archiv* (GA), Heidelberg *et alii*, 1980, p. 121-141.

21. Köhler, Michael. *Op. cit.*, p. 130.

3.1.2 A desproporcionalidade entre meio e fim

Outro critério mais recente evocado pela literatura para a distinção entre homicídio simples e qualificado é o da desproporcionalidade entre o meio – a morte de uma pessoa – e o fim perseguido – a motivação ou intenção do agente ao lançar mão daquele meio. Trataremos desse critério aqui, pois, como se verá a seguir, assemelha-se ao da premeditação no ponto que será objeto de crítica, o formalismo. Por enquanto, restringir-nos-emos a sua exposição.

O critério, como mencionado, coteja a motivação do agente e o homicídio como meio. A ideia que subjaz a esse critério é a de transformar o homicídio numa espécie de medida, de régua, com a qual são mensuradas e valoradas as circunstâncias subjetivas que levaram o agente a cometê-lo. Trata-se de pensar a motivação não de forma isolada, mas a partir do homicídio, em sua relação com este. A motivação, por si só considerada, poderia ser neutra ou até, em geral, bem vista, como o desejo de ganhar dinheiro ou ascender socialmente; no entanto, se vista sob a ótica do meio utilizado, a morte de outra pessoa, assume um sentido bem diferente, demonstra do que o agente é capaz para realizar seus objetivos. Argumenta-se, dessa forma, que a desproporcionalidade oferece uma orientação hermenêutica, um "considerável ganho de conhecimento",[22] para compreender as qualificadoras de ordem subjetiva, como, por exemplo, quando um homicídio é cometido para saldar uma dívida irrisória.[23]

Um exemplo de incorporação desse critério é o Projeto Alternativo de Código Penal Alemão (*Alternativ-Entwurf eines Strafgesetz-*

22. Schroeder, Friedrich-Christian. Grundgedanken der Mordmerkmale, p. 277-278. *Juristische Schulung* (JuS), München, 1984, Heft 4, p. 277.

23. Atribuem relevância ao critério: Schroeder, Friedrich-Christian. Grundgedanken der Mordmerkmale, p. 277-278. *Juristische Schulung* (JuS), München, 1984, Heft 4, p. 275-278. Jakobs, Günther. Niedrige Beweggründe beim Mord und die besonderen persönlichen Merkmale in § 50 Abs. 2 und 3 StGB, p. 490 ss. *Neue Empfiehlt Wochenschrift* (NJW), München, 1969 Heft 12, p. 489-493. ARZT, Gunther. "Gekreuzte" Mordmerkmale? Zur Tragweite des § 50 II StGB, p. 685. *Juristenzeitung* (JZ), Tübingen, 1973, p. 681-687. Woenser, Horst. Moralisierende Mordmerkmale, p. 1027. Neue juristische Wochenschrift (NJW), München, 1978, Heft 20, p. 1025-1028. Jähnke, Burkhard. § 211, Rn. 29, p. 77-79. In: *Leipziger Kommentar zum Strafgesetzbuch*, Fünfter Band, 11. ed., Belin: De Gruyter, 2001.

buches), que, no comentário referente ao homicídio doloso, menciona "a trivialidade ou o particular desvalor do fim" como uma consideração que subjaz às qualificadoras de ordem subjetiva.[24] Lançando um olhar sobre a legislação brasileira, pode-se compreender a qualificadora do motivo fútil como a própria expressão desse critério, como expressão de uma desproporcionalidade particularmente flagrante. Futilidade indica precisamente algo irrelevante, de pouco valor. Nélson Hungria, por exemplo, afirma ser fútil o motivo "quando notavelmente desproporcionado ou inadequado, do ponto de vista do *homo medius* e em relação ao crime de que se trata".[25] Seria o desequilíbrio entre a futilidade do motivo e o valor da vida que explica a particular gravidade do homicídio. Mas o critério não precisaria ficar restrito ao motivo fútil. Qualificadoras como "mediante paga ou promessa de recompensa" ou "para assegurar a execução, a ocultação, a impunidade ou vantagem de outro crime" poderiam também se subsumir a esse critério da desproporcionalidade e, por meio deste, assumir contornos mais precisos e justificação mais adequada.

Tomemos, de forma exemplificativa, a argumentação que Friedrich-Christian Schroeder e Günther Jakobs desenvolvem a favor do critério, a fim de conferir maior concreção e clareza à exposição.

Schroeder aponta três razões que demonstrariam por que a utilização desse critério implica um ganho de conhecimento no tratamento das qualificadoras de ordem subjetiva: 1) conforme já mencionado acima, o critério colocaria motivos e fins sob uma nova luz, explicando por que eles não implicam uma reprovação se consideradas isoladamente, mas justificam uma qualificação se vinculados à prática de um homicídio. Schroeder menciona, nesse sentido, as qualificadoras "por cobiça" (*aus Habgier*) ou "para satisfazer impulso sexual" (*zur Befriedigung des Geschlechtstriebs*), previstas para o homicídio

24. Baumann, Jürgen; *et alii Alternativ-Entwurf eines Strafgesetzbuches*: Besonderer Teil, 1. Halbband, Tübingen, 1970, p. 19.

25. Hungria, Nélson. *Comentários ao Código Penal*, Vol. 5, 5. ed. Rio de Janeiro: Forense, 1979, p. 164. Aníbal Bruno, de forma semelhante, fala em "desconformidade revoltante entre a pequeneza da provocação e a grave reação criminosa que o sujeito lhe opõe". Bruno, Aníbal, *Crimes contra a pessoa*, 5. ed., Rio de Janeiro: Editora Rio, 1979, p. 78.

no direito alemão; 2) implica uma "inversão da atual perspectiva":[26] o desvalor não estaria mais no homicídio em si, senão que seria medido à luz da motivação, seria considerado a partir do valor desta; com isso, explicar-se-ia por que um homicídio cometido para obter um valor material considerável é mais aceitável do que um para obter uma quantia irrisória; 3) conferiria um parâmetro para a interpretação de outra qualificadora no direito alemão, a do homicídio cometido "por prazer de matar" (*aus Mordlust*), em relação à qual a doutrina e jurisprudência até então andavam às voltas sem muito sucesso. O homicídio cometido por prazer de matar seria aquele cometido sem que haja qualquer razão para tanto e encerraria, assim, uma desproporcionalidade por excelência. Ao fim do texto, Schroeder adverte ainda que o critério só poderia ser entendido na forma de uma desproporcionalidade *quantitativa*, e não simplesmente com base no caráter reprovável do fim.[27]

Para Jakobs, por outro lado, o critério – que ele denomina como "trivialidade do motivo" (*Nichtigkeit des Anlasses*) – é uma das formas de se interpretar a cláusula geral "*sonst niedrige Beweggründe*",[28] uma qualificadora correspondente ao "por outro motivo torpe" no Brasil. No direito alemão, as qualificadoras "por cobiça" e "para satisfazer impulso sexual" são antepostas a essa clausura geral, tal como no direito brasileiro se antepõe ao motivo torpe, como exemplificações, a paga ou promessa de recompensa (art. 121, § 2.º, I, CP).[29]

26. Schroeder, Friedrich-Christian. Grundgedanken der Mordmerkmale, p. 277. *Juristische Schulung* (JuS), München, 1984, Heft 4, p. 275-278.

27. Schroeder, Friedrich-Christian. Grundgedanken der Mordmerkmale, p. 277-278. *Juristische Schulung* (JuS), München, 1984, Heft 4, p. 275-278.

28. As outras duas formas corresponderiam aos casos em que a morte em si é a própria motivação do agente (Mordlust) e quando a intensificação do conteúdo do ilícito é o meio para realização do motivo ou seu resultado. Jakobs, Günther. Niedrige Beweggründe beim Mord und die besonderen persönlichen Merkmale in § 50 Abs. 2 und 3 StGB, p. 491. *Neue juristische Wochenschrift* (NJW), München, 1969 Heft 12, p. 489-493.

29. Eis a redação traduzida do § 211, II, do Código Penal alemão: "É assassino quem mata outra pessoa por prazer de matar, para satisfazer impulso sexual, por cobiça, ou por outro motivo abjeto; de forma insidiosa, cruel ou com meio que implique perigo comum; ou para possibilitar ou ocultar outro delito." Redação original: "Mörder ist, wer aus Mordlust, zur Befriedigung des Geschlechtstriebs, aus Habgier oder sonst aus niedrigen Beweggründen, heimtückisch oder grausam

Essas duas qualificadoras só demonstram seu particular desvalor quando cotejadas com o homicídio como meio, e Jakobs deduz disso que a cláusula geral "*sonst niedrige Beweggründe*", da qual aquelas outras qualificadoras são exemplificações, abrangeria outros casos da mesma natureza. A explicação para que ao criminoso imbuído desse tipo de motivação assista especial torpeza é de que "dele advém um perigo particularmente alto (...), e a proliferação desses delitos é mais perigosa do que num homicídio por motivo de maior relevância (*gewichtigerem Beweggrund*)".[30]

3.1.3 A insuficiência do formalismo

Começamos a discussão com esses dois critérios frequentemente mencionados pela literatura. Embora integrem a discussão sobre o homicídio, sua exposição e mesmo a defesa por alguns autores são, em geral, acompanhadas de críticas ou restrições na sua aplicação.

A premeditação, por exemplo, já no seu período áureo, no século XIX, suscitava dúvidas de interpretação.[31] Não se encontravam parâmetros para determinar o momento em que devia ser empregada pelo autor. É premeditado o homicídio quando a reflexão sobre o crime só se dá na fase de execução ou exige-se um planejamento anterior? Outra indeterminação apontada é quanto à intensidade e precisão do cálculo criminoso. É suficiente que o agente planeje apenas a morte de sua vítima ou a trama deve incluir os meios e demais circunstâncias? Sendo esta última alternativa a correta, com que nível de detalhamento? Além disso, o próprio sentido da premeditação era objeto de disputas. Katzenstein faz um relato da discussão e distingue duas posições.[32] Podia-se considerar premeditado o crime quando o

oder mit gemeingefährlichen Mitteln oder um eine andere Straftat zu ermöglichen oder zu verdecken, einen Menschen tötet."

30. Jakobs, Günther. Niedrige Beweggründe beim Mord und die besonderen persönlichen Merkmale in § 50 Abs. 2 und 3 StGB, p. 490. *Neue juristische Wochenschrift* (NJW), München, 1969 Heft 12, p. 489-493.

31. Wachenfeld, já em 1887, dedica monografia exclusivamente à premeditação e posiciona-se contra a adequação do critério: Wachenfeld, Friedrich. *Die Überlegung in unserem heutigen Mordbegriff*, Hersfeld: Ed. Hoehl, 1887, p. 37 ss.

32. Katzenstein, Richard. Die vorsätzliche Tötung nach geltendem Recht, p. 515-517. *Zeitschrift für die gesamte Strafrechtswissenschaft* (ZStW), Berlin, 24

autor, antes de cometê-lo, refletiu sobre os motivos, sopesou interesses, tomou conselhos etc. Nesse caso, a premeditação seria uma *característica da deliberação* para o homicídio. O outro possível sentido seria aquele em que o sujeito já está decidido a cometer o delito, mas planeja a sua execução, elegendo, por exemplo, o lugar e meio mais favoráveis. Nesse outro, a premeditação significaria assim o *planejamento do ato*.

Além desses problemas, que se mostram antes problemas de determinação, há outros mais decisivos, em que exatamente uma das supostas vantagens do critério, o de estabelecer um único parâmetro para qualificar homicídios diferentes, leva a consequências insatisfatórias. A premeditação como critério único, em sua racionalidade fria, não é capaz de incorporar circunstâncias outras na valoração que, em geral, abrandam a gravidade geralmente característica do delito premeditado. O caso mais citado nesse sentido é o chamado caso do "tirano domiciliar": o homem aterroriza e agride constantemente sua mulher e filhos; a mulher então, que se encontra numa posição mais vulnerável e teme um confronto direito, mata-o de forma premeditada, misturando veneno à comida do marido, por exemplo. Vale ressaltar que essa problemática não diz respeito apenas à premeditação, ela guarda interesse atual para nossa regulação do homicídio, sobretudo no tratamento de qualificadoras como a do meio insidioso e do recurso que dificulte ou torne impossível a defesa do ofendido (art. 121, § 2.º, III e IV).

A desproporcionalidade entre meio e fim, por sua vez, é em geral objeto de críticas como a de possuir uma "fórmula vazia", uma fórmula "aberta a valorações arbitrárias".[33] Além disso, as

(1904), p. 503-563.

33. RÜPING, Hinrich. Zur Problematik des Mordtatbestandes, p. 620. *Juristenzeitung* (JZ), Tübingen, 1979, p. 617-621. GEILEN, Gerd, Das politische Attentat als "Mord"? – Tatbestandsprobleme des § 211 StGB im Spiegel des Terrorismus, p. 642. In: KAUFMANN, Arthur *et alii* (Hrsg.). *Festschrift für Paul Bockelmann*, München: C. H. Beck, 1979, p. 613-646. MÜSSIG, Bernd. *Mord und Totschlag*: Vorüberlegungen zu einem Differenzierungsansatz im Bereich des Tötungsunrechts, Berlin: Carl Heymanns Verlag, 2005, p. 116. GRÜNEWALD, Anette. *Das vorsätzliche Tötungsdelikt*, Tübingen: Mohr Siebeck, 2010, p. 48. SCHNEIDER, Harmut. § 211, p. 472. In: JOECKS, Wolfgang; MIEBACH, Klaus (Hrsg.). *Münchner Kommentar zum Strafgesetzbuch*, 2. ed., München: C. H. Beck, 2012, p. 467-635.

qualificadoras de ordem objetiva são completamente alheias a essa relação que o critério pressupõe, pois não podem ser interpretadas como fins perseguidos pelo agente.[34] Autores que atribuem relevância ao critério, como Jakobs, Woesner e Arzt, restringem-na apenas a algumas das qualificadoras subjetivas. Mesmo Schroeder, um autor que confere grande amplitude ao critério, afirma que a qualificadora "*sonst niedrige Beweggründe*" ("outro motivo abjeto") só se deixa explicar parcialmente pela desproporcionalidade. Casos como "o homicídio para iniciar uma nova relação amorosa, o homicídio porque não se suporta o parceiro ou o filho de outra pessoa ou porque se contesta o direito à vida dos membros de determinado grupo ou raça"[35] não estariam abarcados pelo critério.

Todavia, ainda mais importante do que as críticas mencionadas, é o problema que justificou a análise conjunta desses dois critérios. Como mencionado, a opção de começar por eles tem uma razão de fundo: esses critérios são puramente formais, querendo isso dizer que não trazem em si *nenhum sentido normativo relevante* que possa justificar um incremento de pena entre diferentes homicídios.[36] Eles não alcançam o cerne do problema, que traduzimos na pergunta que enseja este capítulo: o que *justifica* a qualificação de um homicídio? A prova disso é que se pode vinculá-los, como se verá a seguir, tanto ao princípio da reprovabilidade quanto ao da periculosidade, e é de

34. Schroeder, Friedrich-Christian. Grundgedanken der Mordmerkmale, p. 278. *Juristische Schulung* (JuS), München, 1984, Heft 4, p. 275-278. Schneider, Harmut. § 211, p. 471. In: Joecks, Wolfgang; Miebach, Klaus (Hrsg.). *Münchner Kommentar zum Strafgesetzbuch*, 2. ed., München: C. H. Beck, 2012, p. 467-635.

35. Schroeder, Friedrich-Christian. *Op. cit.*, p. 278.

36. Ao contrário do caráter formal aqui defendido, não é raro ver os critérios associados a um dos princípios da reprovabilidade ou da periculosidade. Além dos autores citados no corpo do texto, ver, por exemplo: Schneider, Harmut. *Op. cit.*, p. 471. Albrecht, Peter-Alexis. Das Dilemma der Leitprinzipien auf der Tatbestandsseite des Mordparagraphen, p. 699. *Juristenzeitung* (JZ), Tübingen, 1982, p. 697-706. Peralta, José Milton. *Op. cit.*, p. 46. Sobre a possibilidade de a premeditação se referir a ambos os critérios, acertadamente: Eser, Albin. *Empfiehlt es sich, die Straftatbestände des Mordes, des Totschlages und der Kindestötung (§§ 211 bis 213, 217 StGB) neu abzugrenzen?*, Gutachten D für den 53. Deutschen Juristentag, München: C.H.Beck`sche Verlagsbuchhandlung, 1980, p. D 158-159.

fato só a partir dessa vinculação que se confere ao critério um sentido normativo.

A começar pela premeditação. Para demonstrar seu caráter formal, basta verificar que autores como Immanuel Kant e Feuerbach, cujas concepções de ação humana[37] e pena são diametralmente opostas, elegem a premeditação como elemento central que subjaz à distinção do *quantum* da pena.

Tanto em Kant quanto em Köhler, o que confere sentido à premeditação é a premissa de que o agir em liberdade é a condição *sine qua non* para se falar em culpabilidade e punição. Plenamente reprovável é a conduta do agente que, em absoluto domínio sobre si mesmo, elege o curso de ação contrário ao direito. Decisivo nessa concepção não é, assim, a premeditação, mas o fato de esta ser tomada como indício da consciência do ilícito ou simplesmente como outro modo de formulá-la: "ele [o conceito de premeditação] é idêntico ao conceito atualizado de consciência do ilícito, que é geral e relativo à sistemática do delito (...)".[38] Portanto, não se trata, a rigor, de afirmar que há delitos *qualificados* pela premeditação, mas de que é possível conceber uma situação ideal de completa liberdade, em que o agente conscientemente se decide pelo ilícito, sendo então que todas as demais situações possíveis representam *reduções graduais* da liberdade efetiva até o ponto da completa inimputabilidade. Dito

37. Aqui estamos nos referindo, quanto ao pensamento kantiano, à ação humana sob um ponto de vista prático, visto que para ele a ação humana pode ser compreendida como regida tanto por uma causalidade natural (*homo phenomenon*) quanto por uma causalidade por liberdade (*homo noumenon*). É esse o tema da terceira antinomia da razão pura e sua solução: KANT, Immanuel. Kritik der reinen Vernunft, 2. Aufl. (1987), p. 362 ss. In: *Kants gesammelte Schriften*, Band III, Berlin, hg. von der Königlich Preußischen Akademie der Wissenschaften, 1904, p. 1-553. Sob o ponto de vista teórico, isto é, como *homo phenomenon*, a concepção de ação é idêntica à de Feuerbach, mas não é esta última que nos interessa aqui, pois, para Kant, ela não é referida a uma metafísica dos costumes e, portanto, ao direito, como parte integrante daquela. Sobre o duplo caráter, empírico e inteligível, da vontade e a compatibilidade de ambos no pensamento kantinano, ver: ALLISON, Henry, *Kant's Theory of Freedom*. New York: Cambridge University Press, 1990, p. 29 ss.

38. KÖHLER, Michael. Zur Abgrenzung des Mordes erörtert am Mordmerkmal "Verdeckungsabsicht", p. 133. *Goltdammers Archiv* (GA), Heidelberg et. al, 1980, p. 121-141.

de outra forma, a reflexão que caracteriza a premeditação seria apenas um indicador do grau de justificação do delito; a premeditação poderia sugerir a inexistência de uma razão de privilégio, mas não a existência de uma qualificação, uma justificativa para atribuir a uma ação, à qual corresponde, em geral, determinado castigo, um castigo mais intenso.

Feuerbach, por sua vez, preenche o frasco da premeditação com líquido bem distinto. É conhecida sua concepção de cominação penal como perseguindo o fim de prevenção geral negativa: "a finalidade da cominação da pena por meio da lei é a intimidação de todos os possíveis ofensores, de violações ao direito".[39] É essa finalidade, associada à referida distinção entre a faculdade de desejar arbitrária (*willkürliches Begehrungsvermögen*) e a faculdade de desejar animal (*tierisches Begehrungsvermögen*), que confere sentido normativo à premeditação, é ela que de fato justifica um tratamento penal diferente entre homicídios simples e qualificados. Homicídios baseados na faculdade de desejar arbitrária demandam, em geral, *maior intimidação* do que aqueles baseados numa faculdade de desejar animal. Com isso, vê-se que não é a premeditação em si que é capaz de explicar a distinção, mas a necessidade de prevenir violações a direitos de outrem.

Também a desproporcionalidade entre meio e fim encobre a verdadeira razão da particular gravidade do homicídio. É essa razão que confere sentido ao critério da desproporcionalidade, e não o contrário. Desproporcional é uma adjetivação que se dá a uma relação entre dois elementos que, à luz de um mesmo critério, apresentam uma diferença de valores. É desproporcional, por exemplo, exigir, na maioria dos esportes de alto rendimento, que mulheres e homens compitam em igualdade de condições. A relação entre homens e mulheres, sob o ponto de vista do mesmo critério da capacidade física de correr uma maratona num determinado tempo, é, em geral, uma relação de desproporcionalidade. A verificação dessa desproporção, no entanto, pressupõe uma valoração prévia; no nosso exemplo, a afirmação de que os sexos feminino e masculino apresentam carac-

39. Feuerbach, P. J. A. von. *Lehrbuch des gemeinen in Deutschland gültigen peinlichen Rechts*. 8. Ed., Gießen: Verlag von Georg Friedrich Heyer, 1823, p. 20.

terísticas biológicas diferentes, o que faz com que homens, em geral, apresentem maior rendimento numa maratona.

Em relação às motivações para o homicídio, passa o mesmo. De um lado, pode-se pensar em termos ético-sociais e atribuir à vida determinado valor; se o aniquilamento da vida de uma pessoa é realizado com base numa motivação cujo valor é menor que o valor da vida, pode-se falar numa desproporção. Não é a mera desproporção que confere ao homicídio realizado nessas condições uma particular reprovabilidade, mas a valoração prévia que se faz da motivação e da vida. Tanto é assim que, dado o alto valor conferido à vida, é difícil pensar em alguma motivação, fora de situações justificantes, que não pareça desproporcional.[40] Ao contrário do que afirma Schroeder, não é, de forma alguma, compreensível por que motivações como o desejo de eliminar o filho detestado de um parceiro ou de satisfazer o ódio que se sente por alguém que compõe uma determinada raça não são desproporcionais em relação ao homicídio como meio. Por outro lado, pode-se vincular a desproporção à ideia de periculosidade e, por meio disso, justificar uma intensificação da reação penal a motivações consideradas socialmente perigosas. Jakobs, como exposto acima, aponta três grupos de motivações que carregam particular torpeza, sendo o primeiro deles caraterizado pela desproporção entre razão do crime e o resultado final. Com isso, chega-se ao outro extremo: o critério subsiste, mas o que lhe confere sentido são considerações consequencialistas, orientadas à prevenção e baseadas na periculosidade do agente e da propagação de condutas semelhantes.

40. Geilen, Gerd. Das politische Attentat als "Mord"? – Tatbestandsprobleme des § 211 StGB im Spiegel des Terrorismus, p. 642. In: Kaufmann, Arthur *et alii* (Hrsg.). *Festschrift für Paul Bockelmann*, München: C. H. Beck, 1979, p. 613-646. Küpper, Georg. Die Probleme des Mordtatbestandes als Folge der absoluten Strafdrohung, p. 781. In: Ziemske, Burkhardt *et alii* (Hrsg.). *Staatsphilosophie und Rechtspolitik: Festschrift für Martin Kriele zum 65*. Geburtstag, München: C. H. Beck'sche Verlagsbuchhandlung, 1997, p. 777-794. Müssig, Bernd. *Mord und Totschlag: Vorüberlegungen zu einem Differenzierungsansatz im Bereich des Tötungsunrechts*, Berlin: Carl Heymanns Verlag, 2005, p. 116. Neumann, Ulfrid. Vorbemerkungen zu § 211, p. 1576. In: Kindhäuser, Urs *et alii* (Hrsg.). *Nomos Kommentar zum Strafgesetzbuch*, Band 2, 4. ed., Baden-Baden: Nomos, 2013, p. 1511-1583.

Por fim, as próprias objeções que, em geral, são levantadas contra ambos os critérios confirmam o formalismo apontado e seu caráter problemático. No caso da premeditação, esse caráter é particularmente evidente quando a incidência do critério vai de encontro à consideração normativa que lhe confere sentido. Por isso, é natural que se confrontem os defensores da premeditação com casos como o do "tirano domiciliar". A premeditação é o recurso do mais vulnerável contra a ameaça do mais forte, e disso não se deduz necessariamente maior reprovabilidade ou periculosidade da conduta.[41] No caso da desproporcionalidade entre meio e fim, a objeção de que se trata de uma fórmula vazia, de uma completa abertura valorativa é acertada, porque, como aduzido acima, sua própria compreensão só é possível em termos formais. Trata-se de qualificar uma relação entre dois elementos e, como tal, depende de uma valoração prévia que se faz desses elementos. Não é a relação que confere valor aos elementos, mas, ao contrário, o valor dos elementos que torna possível verificar em que tipo de relação eles estão um para com o outro, como no exemplo da maratona acima apontado. A fórmula talvez possa servir para organizar nossas intuições sobre a gravidade de determinados homicídios, mas não tem nada a dizer sobre a legitimidade dessas intuições.

41. Esse tipo de problema tem sido discutido, na Alemanha, em relação à qualificadora "heimtückisch", que corresponderia, em linhas gerais, ao nosso art. 121, § 2.º, IV, CP ("à traição, de emboscada, ou mediante dissimulação ou outro recurso que dificulte ou torne impossível a defesa do ofendido"). Jescheck, Hans-Heinrich. Anmerkung – BGH, Großer Senat für Strafsachen, Beschluß v. 22.09.1956 – GSSt 1/58, p. 387. *Juristenzeitung* (JZ), Tübingen, 1957, p. 386-388. Frommel, Monika. Anmerkung – BGH, Urteil vom 13.11.1985 – 3 StR 273/85 – LG Wuppertal, p. 293. *Strafverteidiger* (StV), Köln, 1987, 292-296. Grünewald, Anette. *Das vorsätzliche Tötungsdelikt*, Tübingen: Mohr Siebeck, 2010, p. 125. A discussão dá-se, sobretudo, em torno dos chamados casos do tirano do lar (Haustyrannfälle): BGHSt, 3, 194; BGHSt 30, 105; BGHSt 48, 255; BGH StV 1981, S. 622; BGH NStZ 2005, 154. É evidente, no entanto, que o problema se aplica igualmente à premeditação. Outro caso em que se verifica essa mesma incompatibilidade entre premeditação e o princípio que lhe confere sentido normativo é, por exemplo, o homicídio de pacientes em situações de sofrimento extremo cometido por motivos altruísticos. Schneider, Harmut. § 211, p. 581. In: Joecks, Wolfgang; Miebach, Klaus (Hrsg.). *Münchner Kommentar zum Strafgesetzbuch*, 2. ed., München: C. H. Beck, 2012, p. 467-635. BGHSt 37, 376; StV 1998, 583; NStZ 2008, 93; StV 2009, 524.

3.2 O princípio da reprovabilidade

O tópico anterior nos permite concluir que, antes de aferir um critério para a distinção entre homicídio simples e qualificado, é necessário apontar o elemento que confere sentido normativo à distinção. Para parte da literatura, a resposta estaria na particular reprovabilidade, quando se agregam ao ato de matar determinadas circunstâncias objetivas ou subjetivas. Esse princípio ganhou forma legislativa a partir do impulso dado por Carl Stooß em seu projeto para Código Penal suíço de 1984. A regulação do homicídio qualificado nesse projeto é apontada por vários autores como modelo em que se baseou o regime nazista na elaboração da lei de 1941 para alteração do Código Penal alemão,[42] que abandonou o critério da premeditação e introduziu a casuística atualmente vigente para o assassinato (*Mord*).[43] A justificativa do regime era a de que seria

42. Schroeder, Friedrich-Christian. Grundgedanken der Mordmerkmale, p. 275. *Juristische Schulung* (JuS), München, 1984, Heft 4, p. 275-278. Eser, Albin. *Empfiehlt es sich, die Straftatbestände des Mordes, des Totschlages und der Kindestötung (§§ 211 bis 213, 217 StGB) neu abzugrenzen?*, Gutachten D für den 53. Deutschen Juristentag, München: C.H.Beck'sche Verlagsbuchhandlung, 1980, p. D 32. Müssig, Bernd. *Mord und Totschlag*: Vorüberlegungen zu einem Differenzierungsansatz im Bereich des Tötungsunrechts, Berlin: Carl Heymanns Verlag, 2005, p. 76. Grünewald, Anette. *Das vorsätzliche Tötungsdelikt*, Tübingen: Mohr Siebeck, 2010, p. 46 ss. Schneider, Harmut. § 211, p. 471. In: Joecks, Wolfgang; Miebach, Klaus (Hrsg.). *Münchner Kommentar zum Strafgesetzbuch*, 2. ed., München: C. H. Beck, 2012, p. 467-635. Neumann, Ulfrid. Vorbemerkungen zu § 211, p. 1575. In: Kindhäuser, Urs *et alii* (Hrsg.). *Nomos Kommentar zum Strafgesetzbuch*, Band 2, 4. ed., Baden-Baden: Nomos, 2013, p. 1511-1583.

43. Optamos por traduzir, sempre que nos referimos ao homicídio qualificado na Alemanha, o termo "*Mord*" como "assassinato", e não como homicídio qualificado, pois há uma antiga divergência entre doutrina e jurisprudência sobre a posição dogmática da figura do "*Mord*". A jurisprudência tende a atribuir-lhe o caráter de delito autônomo, e a doutrina, de qualificadora. Vale ressaltar que a jurisprudência tem, no entanto, relativizado sua antiga posição, como, por exemplo, ao reconhecer a possibilidade de coautoria entre um sujeito que realiza um dos elementos do "*Mord*" e outro cuja conduta se subsume apenas ao "*Totschlag*" (BGHSt 36, 231). Nesse sentido: Fischer, Thomas. *Strafgesetzbuch*, 63. ed., p. 1460. In: Beck'sche Kurz-Kommentare, Band 10, München: C. H. Beck, 2016. Neumann, Ulfrid. Vorbemerkungen zu § 211, p. 1576-1577. In: Kindhäuser, Urs; *et alii* (Hrsg.). *Nomos Kommentar zum Strafgesetzbuch*, Band 2, 4. ed., Baden-Baden: Nomos, 2013, p. 1511-1583. Sinn, Arndt. § 211, SK

necessário abandonar o intelectualismo que caracteriza a premeditação e vincular o homicídio a uma valoração ética que fosse reflexo de uma desaprovação social.[44] A redação do artigo relativo ao assassinato no projeto de Stooß[45] guarda também inegável semelhança com a redação original do art. 121, § 2.º, Código Penal brasileiro, do que se pode deduzir, pelo menos, uma influência indireta.[46]

Há diversas formas em que esse princípio se concretiza, assumindo diferentes feições quanto ao problema da qualificação do homicídio. Contudo, antes de expormos cada uma delas em suas particularidades, trataremos brevemente daquilo que todas têm em comum, a ideia de uma ética-social como fundamento da reprovação.

3.2.1 A ideia de reprovação ético-social

O argumento da reprovação ético-social se vincula a uma forma de conceber o direito que ganhou corpo no início do século XX, com a derrocada do positivismo cientificista, e pode ser resumido da seguinte forma: a compreensão do direito, dos conceitos e normas que o integram, é determinada por fatos sociais, pelo sentido social dos tipos

StGB 133. Lfg. (Juni 2012), p. 6. In: Wolter, Jürgen (Hrsg.). *Systematischer Kommentar zum Strafgesetzbuch* (SK-StGB), Rheinbreitbach: Carl Heymanns Verlag, 2012.

44. Freisler, Roland. Gedanken über das Gesetz zur Änderung des Reichsstrafgesetzbuches, p. 933. *Deutsche Justiz*. Rechtspflege und Rechtspolitik, Berlin, 103. Jahrgang, Semptember 1941, Ausgabe A, Nr. 39, p. 929-938.

45. A redação traduzida seria a seguinte: "Se o agente mata por prazer de matar, cobiça, praticando crueldade, de forma insidiosa ou com uso de veneno, explosivo, fogo, ou para ocultar ou facilitar a execução de outro crime, será punido com prisão (Zuchthaus) perpétua." Redação original: "Tötet der Thäter aus Mordlust, aus Habgier, unter Verübung von Grausamkeit, heimtückisch oder mittelst Gift, Spregstoffen oder Feuer, oder um die Beheung eines anderen Verbrechens zu verdecken oder zu erleichtern, so wird er mit lebenslänglichem Zuchthaus bestraft." Citado por Schroeder: Schroeder, Friedrich-Christian. Grundgedanken der Mordmerkmale, p. 275. *Juristische Schulung* (JuS), München, 1984, Heft 4, p. 275-278.

46. Para citar um outro exemplo, o Código Penal português, no artigo 132º, prevê homicídio qualificado se a "morte for produzida em circunstâncias que revelem especial censurabilidade ou perversidade". Sobre a influência exercida pelo Código suíço: Serra, Terra. *Homicídio Qualificado: tipo de culpa e medida de pena*. Coimbra: Almedina, 2003, p. 62-63.

e institutos aos quais confere forma jurídica.[47] Assim, se quisermos compreender o furto ou homicídio, tal como dispostos nos arts. 155 e 121 do Código Penal, não se deve buscar compreendê-los como conceitos puros, desvinculados da história e das contingências que acompanham a vida de cada povo; tampouco seria possível deduzir seus significados de categorias exclusivamente jurídicas sem, mais ou cedo mais tarde, deparar-se com problemas incontornáveis. Radbruch articula essa ideia por meio do que chama de *determinação material da ideia* (*Stoffbestimmtheit der Idee*),[48] uma expressão que, assim dita, parece um tanto hermética, mas, se analisada mais detidamente, revela-se bastante intuitiva. O escultor concebe sua obra já como apropriada a determinado material, à porcelana, à argila, ao mármore etc. O próprio material, por sua vez, é determinante para a concepção da obra, e o que daí resulta não é adequadamente compreendido como puro mármore nem como mera ideia, mas como uma obra-de-arte em mármore. Ao perguntar pelo material de que se utiliza o direito penal, Radbruch não hesita em afirmar que "a matéria-prima do direito penal são dados pré-formados por meio de conceitos sociais". [49]

Esses fatos sociais de que se utiliza o direito não são, no entanto, fatos livres de consideração valorativa, como se poderia dar na observação científica da natureza, mas são sempre imbuídos de valores. O direito seria um fato cultural que assume sempre uma forma normativa ou, nas palavras de Radbruch, "a realidade que tem o sentido de servir à justiça".[50] De forma semelhante, Welzel, já na primeira edição de

47. Sobre esse desenvolvimento em geral: KAUFMANN, Arthur. *Rechtsphilosophie*, 2. ed., München: C. H. Beck, 1997, p. 31 ss. LARENZ, Karl. *Methodenlehre der Rechtswissenschaft*, 4. ed., Berlin/Heidelberg/New York: Springer-Verlag, 1979, p. 89 ss. Em direito penal: WELZEL, Hans. *Naturalismus und Wertphilosophie im Strafrecht*, Köln: Deutsches Druck- und Verlagshaus, 1935, p. 64 ss.

48. RADBRUCH, Gustav, Rechtsidee und Rechtsstoff. Eine Skizze (Originalmente: ARWP 17 1923/24, 343-350), p. 453. In: KAUFMANN, Arthur (Hrsg.). *Gustav Radbruch Gesamtausgabe*, Band II, Heidelberg: C. F. Müller, 1993, p. 453-460.

49. RADBRUCH, Gustav, Rechtsidee und Rechtsstoff. Eine Skizze (Originalmente: ARWP 17 1923/24, 343-350), p. 458. In: KAUFMANN, Arthur (Hrsg.). *Gustav Radbruch Gesamtausgabe*, Band II, Heidelberg: C. F. Müller, 1993, p. 453-460.

50. RADBRUCH, Gustav. Rechtsphilosophie, 3. ed. (1932), p. 260. In: KAUFMANN, Arthur (Hrsg.). *Gustav Radbruch Gesamtausgabe*, Band II, Heidelberg: C. F.

seu livro sobre parte geral, sustenta que a essência do delito precisa ser buscada "na vida em comum de um povo"[51] e que a ordem moral que dá forma a essa vida em comum tem um duplo caráter: de um lado, visto a partir da história de um povo, como uma ordem moral real, positiva, "a forma histórico-real da vida moral da comunidade"; de outro lado, sob a perspectiva do indivíduo integrante dessa ordem, ela tem o caráter de uma "prescrição a ser realizada, no que ele [o indivíduo] tanto pode ter êxito quanto falhar".[52] Para citar um último exemplo, Arthur Kaufmann parte também da ideia de que "um dever sempre só pode ser fundado num dado valor objetivo, nunca por meio de um querer subjetivo de um homem ou uma pluralidade de homens, muito menos por meio de mera coação".[53] Por outro lado, o direito não existe senão por meio de uma "roupagem", um "corpo" que lhe confira realidade, "que denominamos positividade".[54] O direito assim é concebido então como o agregado inextrincável desses dois momentos, dessas duas "determinações conceituais",[55] positividade e normatividade, forma e matéria, existência e essência.

3.2.2 A reprovação ético-social com base nos tipos criminosos: Roland Freisler

Exposta nesses termos abstratos, essa ideia fundamental de uma reprovação ético-social pode, se aplicada ao problema do homicídio, ser concretizada de diferentes formas. Uma delas é fazer do próprio agente ou, de forma mais precisa, de tipos ideias de agentes o objeto da reprovação ético-social. Foi esse pensamento que deu suporte à alteração da regulação do homicídio no Código Penal alemão em 1941, conferindo-lhe a redação que, no que se refere ao assassinato, é vigente até hoje. Roland Freisler, à época Secretário de Estado do

Müller, 1993, p. 206-450.

51. Welzel, Hans. *Der Allgemeine Teil des deutschen Strafrechts in seinen Grundzügen*, 1. ed., Berlin: Walter de Gruyter & Co., 1940, p. 1.

52. *Idem, ibidem*, p. 2.

53. Kaufmann, Arthur. *Das Schuldprinzip: Eine strafrechtlich-rechtsphilosophische Untersuchung*, 2. Ed., Heidelberg: Karl Winter Verlag, 1976, p. 128.

54. *Idem, ibidem*, p. 91.

55. Schmidhäuser, Eberhard. *Gesinnungsmerkmale im Strafrecht*, Tübingen: J. C. B. Mohr Siebeck, 1958, p. 158.

Ministério de Justiça Nazista, em comentário à nova lei, defende que a alteração corresponderia à "orientação fundamental (...) segundo a qual o direito penal tem seu próprio fundamento na constatação estatal-autorizadora de uma desaprovação social". [56] O critério da premeditação, "um precursor de uma filosofia que afirmava poder racionalmente conhecer e valorar o último",[57] deveria ser abandonado em nome de uma regulação que pusesse a valoração moral em primeiro plano, uma valoração que tivesse como objeto a figura do "assassino" em oposição ao mero "homicida". A diferença fundamental entre ambos, que conferiria ao assassino uma forma essencial autônoma, estaria na "efetiva atitude interna particularmente reprovável".[58] Os motivos, modos de execução e intenções enumeradas na nova lei teriam, na verdade, um caráter secundário, seriam antes "figuras exemplificadoras",[59] uma mera orientação interpretativa aos aplicadores. Decisivo seria a valoração geral que se faz da personalidade do agente e sua subsunção ao tipo do assassino.[60]

3.2.3 A reprovação ético-social segundo Eberhard Schmidhäuser

No pós-guerra, a teoria dos tipos de agente perde força, mas a ideia de reprovação ético-social continua viva, sobretudo vinculada a uma valoração do ato e da atitude interna do agente. Expressão disso é a chamada *teoria da correção dos tipos*. Como já mencionado anteriormente, a pena prevista para o assassinato na Alemanha é, desde 1953, a de prisão perpétua, e o rigor dessa punição fez com que a doutrina e a jurisprudência buscassem caminhos alternativos

56. Freisler, Roland. Gedanken über das Gesetz zur Änderung des Reichsstrafgesetzbuches, p. 933. *Deutsche Justiz*. Rechtspflege und Rechtspolitik, Berlin, 103. Jahrgang, September 1941, Ausgabe A, n. 39, p. 929-938.

57. *Idem, ibidem*, p. 933.

58. *Idem, ibidem*, p. 936.

59. *Idem, ibidem*, p. 935.

60. Percebe-se, nos comentários de Freisler à alteração legislativa e na própria redação dos parágrafos vigentes até hoje (fala-se em "assassino" e "homicida", em vez de "assassinato" e "homicídio"), uma inegável influência do pensamento de Georg Dahm, mais concretamente, de sua *teoria dos tipos criminosos*. Dahm, Georg. *Der Tätertyp im Strafrecht*, Leipzig: Verlag von Thedor Weicher, 1940, p. 20 ss. Em menção expressa ao tipo do assassino, afirma Dahm: "quem causa ilicitamente a morte de uma pessoa somente deverá ser assassino se o seu comportamento é típico de um assassino". *Idem, ibidem*, p. 22.

para poupar o agente em alguns casos considerados menos graves. Segundo a mencionada teoria, a saída seria então submeter a interpretação das qualificadoras[61] a uma correção por meio da ideia de reprovabilidade.[62] Embora uma condenação com base na mera reprovação não fosse mais considerada aceitável, porque incompatível com a exigência de determinação que integra o princípio da legalidade, poder-se-ia levar em conta circunstâncias especiais e a atitude interna do agente para *excluir* do âmbito do assassinato alguns casos aos quais, de outro modo, seria aplicada a pena de prisão perpétua.

Uma tentativa de dar maior solidez teórica ao argumento da reprovação ético-social, sobretudo no que se refere à valoração da atitude interna do agente, foi levada a cabo por Eberhard Schmidhäuser, em sua monografia *Gesinnungsmerkmale im Strafrecht* ("Elementos de atitude interna no direito penal"). Ponto de partida para compreender a posição de Schmidhäuser é uma estrutura da ação moral que é recorrente em filosofia prática: de um lado, há aquilo que o agente quis e logrou realizar, a ação em seu sentido objetivo; de outro lado, há a relação do agente com aquilo que realizou ou pretende realizar, sua atitude interna para com a ação e seus efeitos, a razão pela qual ele agiu.[63] Assim, a depender da teoria ética que se adote, pode-se,

61. Aqui vale a ressalva, mais uma vez, de que o "assassinato" ("*Mord*"), na Alemanha, é considerado pela jurisprudência como delito autônomo, de modo que seria mais preciso se falar em "elementos do assassinato" ("*Mordmerkmale*"), em vez de "qualificadoras". Contudo, como o caráter de qualificadora é praticamente unânime na doutrina, e a jurisprudência tem, em parte, relativizado sua posição (ver nota de rodapé 43, p. 62), acreditamos ser possível e preferimos usar o termo "qualificadoras", a fim de deixar claro a aplicabilidade da discussão às razões de qualificação do homicídio no Brasil.

62. JESCHECK, Hans-Heinrich. Anmerkung – BGH, Großer Senat für Strafsachen, Beschluß v. 22.09.1956 – GSSt 1/58, p. 387. *Juristenzeitung* (JZ), Tübingen, 1957, p. 386-388. RIEß, Peter. Zur Abgrenzung von Mord und Totschlag, p. 630. *Neue Juristische Wochenschrift*, 1968 Heft 14, p. 628-631. ESER, Albin. § 211, Rn. 10, p. 1793. In: SCHÖNKE, Adolf; SCHRÖDER, Horst (Hrsg.). *Strafgesetzbuch*: Kommentar, München: C. H. Beck, 2006.

63. É esclarecedora, nesse sentido, a distinção de Max Weber entre ética da responsabilidade ("Verantwortungsethik") e ética da convicção ("Gesinnungsethik"), que se caracterizam pela ênfase dada por teorias éticas a um dos referidos momentos da ação: "Mas há uma oposição abissal quando se age sob a máxima de uma ética de convicção (gesinnungsethsiche Maxime) – em termos religiosos: 'o cristão faz o que é correto e confia o resultado a Deus', *ou* sob a máxima

por exemplo, conferir valor moral ao filantropo pelo simples fato de fazer bem a outras pessoas ou perguntar-se se há alguma diferença, do ponto de vista ético, se o fez porque a filantropia lhe dá prazer ou simplesmente porque pensa que é o correto a fazer, por simples dever. Schmidhäuser se refere, em relação ao primeiro momento, ao bem "que reside em realizar um estado de coisas desejado"[64] e, quanto ao segundo, ao bem "que reside na atitude interna, a partir da qual a boa ação é desejada e realizada".[65-66]

A distinção entre os dois momentos não corresponde, no entanto, à distinção entre elementos externos e internos da ação. O sentido objetivo de uma ação depende também daquilo que o agente quis realizar, sem que isso signifique já sua atitude espiritual em relação àquilo que foi realizado. Dar uma moeda a um mendigo supondo estar pagando um flanelinha sentado próximo ao carro não tem o sentido que damos ao ato de dar esmola. E perguntar-se simplesmente pela intenção de dar esmola a um mendigo, embora seja também um elemento interno da ação, é diferente de se perguntar se a ação foi realizada por dever ou simplesmente para que o mendigo vá embora e pare de incomodar. A mera intenção de dar a esmola não diz nada sobre a relação do agente a esse ato. A distinção seria então, segundo Schmidhäuser, entre um "comportamento voluntário" e um "comportamento espiritual",[67] que se vinculam respectivamente às categorias da legalidade e da moralidade. Noutros termos: legalidade é a compatibilidade entre uma lei objetiva e a ação realizada pelo

de uma ética da responsabilidade de que se tem de assumir as consequências (previsíveis) do seu agir." WEBER, Max. *Politik als Beruf*, 5. ed., Berlin: Duncker & Humblot, 1968, p. 57-58.

64. SCHMIDHÄUSER, Eberhard. *Gesinnungsmerkmale im Strafrecht*, Tübingen: J. C. B. Mohr Siebeck, 1958, p. 169.

65. *Idem, ibidem*, p. 169.

66. O que aqui traduzimos por "atitude interna" corresponde ao termo "Gesinnung", que, em alemão, conta com diferentes acepções. A palavra "Gesinnung" é a nominalização do verbo "gesinnen", em desuso desde o século XVIII, significando "querer dizer", "pensar em algo", mas também "desejar, "pedir". Para uma investigação dos vários conceitos referidos ao termo: Id. Ibidem, p. 24-108. Preferimos sua tradução como "atitude interna", pois o termo, assim como "Gesinnung" em alemão, tem conotação mais abrangente que "motivação", normalmente referida a ações específicas.

67. *Idem, ibidem*, p. 171.

agente, sendo que para sua compreensão como tal podem ser levados em conta também elementos internos, como a intenção de dar esmola, em nosso exemplo, ou a intenção de apropriar-se de coisa alheia móvel no furto, desde que isso componha o sentido objetivo da ação; moralidade, por sua vez, pressupõe a legalidade da ação e exige, além disso, que a atitude interna seja também boa, como quando a esmola é dada por filantropia, e não para que o mendigo deixe de incomodar.

Como se pode já deduzir, essa primeira dimensão da ação, o "comportamento voluntário", é o que corresponde ao ilícito em direito penal. O ilícito é a ação concretizada numa norma penal que, em seu sentido objetivo, é tida como proibida, e o fundamento dessa proibição é a reprovação ético-social da ação: "uma coisa, pelo menos, é certa: 'tipifica-se' como ilícito aquilo que antes já significava uma violação a deveres ético-sociais".[68] Esses deveres ético-sociais ao quais se vincula o direito penal têm por fundamento sua "capacidade de cumprimento universal",[69] são baseados em valores que dizem respeito ao homem como ser social. Disso se diferencia a ética individual, que abrange reivindicações éticas que não podem ser objeto de realização universal e cuja ordem de prioridade pertence ao *forum internum* de cada indivíduo.[70] Esse último conjunto de reivindicações éticas deve permanecer, portanto, indiferente ao direito.

A pergunta central que se põe Schmidhäuser vincula-se a essa distinção: é certo que a atitude interna do indivíduo não deve ser levada em conta para os casos de uma ação conforme ao direito; essa indiferença deve, no entanto, manter-se também para as ações contrárias ao dever? Em resposta à pergunta, a tese de Schmidhäuser é de que ilícito e culpabilidade, os dois tradicionais requisitos de legitimidade da pena, são o correspondente negativo dos dois momentos

68. SCHMIDHÄUSER, Eberhard. *Gesinnungsmerkmale im Strafrecht*, Tübingen: J. C. B. Mohr Siebeck, 1958, p. 167.

69. *Idem, ibidem*, p. 165-166.

70. Para Schmidhäuser, entre essas reinvindicações de caráter individual, "além das 'virtudes' da justiça, sabedoria, coragem, autocontrole, encontram-se, entre outras, os valores do amor ao próximo, da veracidade, da seriedade e fidelidade, da confiabilidade, modéstia, humildade (...)". Para o direito penal, seria "totalmente impensável (...) estar por detrás da realização de todas as prescrições éticas que estão contidas nesses valores". *Idem, ibidem*, p. 164.

acima descritos que integram a ação moral. Assim como o ilícito é o comportamento voluntário reprovável em termos ético-sociais, a culpabilidade diz respeito à relação do agente para com a exigência ético-social expressa na norma penal, ao "comportamento espiritual moralmente reprovável",[71] à atitude interna contrária ao direito. A culpabilidade não é então mais do que atitude interna reprovável, e todos os elementos tradicionalmente referidos pela doutrina e legislação à culpabilidade (dolo e culpa, imputabilidade, consciência do caráter ilícito da ação etc.) são "dados materiais, em cuja existência reconhecemos uma atitude interna mais ou menos reprovável".[72] Como exemplo desses elementos, Schmidhäuser aponta o conhecimento ou não do próprio ato por parte do agente, ou seja, dolo e culpa, mas também "momentos externos do fato mencionados na lei, sob o pressuposto, no entanto, de que sejam psicologicamente vivenciados".[73] Seria esse o caso, por exemplo, das qualificadoras que preveem o uso de meio insidioso ou cruel ou recurso que dificulte a defesa da vítima. Essas qualificadoras apontam momentos externos, mas que só adquirem sentido como indicadores de uma atitude interna reprovável (elementos de atitude interna impróprios); se ausente esta última, o momento externo descrito perde o sentido particularmente reprovável. Além disso, há elementos contidos na lei penal que prescindem de um momento externo e referem-se imediatamente ao comportamento espiritual, à atitude interna do agente (elementos de atitude interna próprios). Esses são os elementos de atitude interna por excelência e são exemplificações de uma atitude interna necessariamente repro-

71. Schmidhäuser, Eberhard, p. 178. De forma semelhante: Gallas, Wilhelm. *Beiträge zur Verbrechenslehre*, Berlin: Walter de Gruyter & Co., 1968, p. 55-57. Jescheck, Hans-Heinrich; Weigend, Thomas. *Lehrbuch des Strafrechts*: Allgemeiner Teil, 5. ed., Berlin: Duncker & Humblot, 1996, p. 426. Wessels, Johannes; Beulke, Werner; Satzger, Helmut. *Strafrecht Allgemeiner Teil: Die Straftat und ihr Aufbau*, 45. ed., Heidelberg: C. F. Müller, 2015, Rn. 612-613, p. 191. Também sustentando um conceito semelhante de culpabilidade, mas preferindo falar em culpabilidade da vontade (*Willensschuld*), em vez de culpabilidade da atitude interna (*Gesinnungsschuld*): Kaufmann, Arthur. *Das Schuldprinzip*: Eine strafrechtlich-rechtsphilosophische Untersuchung, 2. ed., Heidelberg: Karl Winter Verlag, 1976, p. 150-153.

72. Schmidhäuser, Eberhard. *Gesinnungsmerkmale im Strafrecht*, Tübingen: J. C. B. Mohr Siebeck, 1958, p. 198.

73. *Idem, ibidem*, p. 198.

vável. Sob esse conceito poderiam subsumir-se qualificadoras como o motivo torpe ou intenção de assegurar a execução, a ocultação, a impunidade ou vantagem de outro crime. Essas circunstâncias subjetivas expressam uma necessária intensificação da culpabilidade e nisso se diferenciam dos demais elementos que apenas sugerem essa intensificação: "[o elemento de atitude interna] é um elemento que aponta um aumento da culpabilidade, uma vez que denota, de forma imediata, um comportamento moralmente reprovável do agente por meio da indicação do valor moral violado".[74]

Ter-se-ia, com isso, justificada a intensificação da pena. Como ilícito, o homicídio só poderia ser compreendido em seu sentido ético-social como permitido ou proibido, mas a consideração da atitude interna do agente permite que se lhe atribua particular reprovabilidade, e essa reprovabilidade ganha corpo na previsão de qualificadoras objetivas, que sugerem uma particular reprovabilidade da conduta, e qualificadoras subjetivas, que são a expressão imediata de uma atitude interna reprovável.

3.2.4 A reprovação baseada na violação de leis de liberdade: Michael Köhler e Brigitte Kelker

A concepção de reprovabilidade acima exposta não é a única desenvolvida pela literatura. Há outra da qual ela se diferencia num ponto essencial: o traço essencial da reprovabilidade deixa de ser um *comportamento espiritual contrário a valores*, conforme defende Schmidhäuser, e passa a ser a *violação de leis de liberdade*. O direito é caracterizado pela regulação das condutas externas entre pessoas diferentes no esforço de constituir parâmetros para uma convivência comum ou, na linguagem hermética de Michael Köhler, "ele resulta de um exercício comum da razão para organização das relações externas, considerando diferentes concepções de bem dos indivíduos, grupos culturais, e pressupõe que vários sujeitos dirijam suas aspirações de felicidade e de bem ao mesmo mundo objetivo".[75] Isso não implica, contudo, um distanciamento completo do caráter

74. SCHMIDHÄUSER, Eberhard, *op. cit.*, p. 205.
75. KÖHLER, Michael. *Strafrecht*: Allgemeiner Teil, Berlin/Heidelberg: Springer, 1997, p. 12.

ético-social do argumento. É certo que o direito implica, segundo os defensores dessa concepção, o reconhecimento mútuo de esferas de liberdade externa, mas o conteúdo de suas prescrições é histórico e dependente das convicções dos indivíduos que integram a ordem de liberdade: "mas essa objetividade [das normas da razão prática] é sempre imanente à razão. Sua forma de realização é necessariamente co-constituída pela visão (*Einsicht*) dos sujeitos".[76] Com base nessa ideia de co-constituição, Köhler defende ser possível casos em que o direito se refere imediatamente a uma ética social, como no caso da qualificadora do motivo torpe, pois o direito é sempre produto dessa autodeterminação coletiva, dessa atribuição comum de esferas de liberdade. Exige-se, para isso, apenas que "a valoração ético-social possa se diferenciar pessoalmente e determinar-se coerentemente de tal forma, que ela seja capaz de incorporar diferenças de julgamento eticamente fundadas por parte dos concidadãos".[77] A ideia é de que todos concordariam com uma pena mais intensa quando o homicídio é cometido por motivo torpe, embora o significado do que seria "torpe" dependeria da ética social assumida por cada um.

Sob essa perspectiva, há uma convergência entre a ética dos valores de Schmidhäuser e ética baseada em leis de liberdade de Köhler. Mas há outro ponto, já sugerido pelo exemplo da qualificação pelo motivo torpe, que confirma essa convergência e afasta esses autores da tradição liberal, ao contrário do que a argumentação com base em leis de liberdade, à primeira vista, poderia sugerir. Trata-se da consideração da motivação do agente como elemento que justifica maior intensidade do castigo. Assim como Schmidhäuser, Köhler e Kelker também acreditam ter razões para restringir a barreira de proteção erigida em torno do *forum internum* aos casos em que se age em conformidade com a lei penal. Além do elemento da premeditação, que, como expusemos acima (seção 3.1.1), também integra a noção de culpabilidade, a motivação afeta, segundo esses autores, diretamente o grau de culpabilidade do agente.

76. KÖHLER, Michael, *op. cit.*, p. 12.

77. KÖHLER, Michael. Anmerkung: BGH, Beschluß v. 27.11.1979 – StR 711/79 (LG Kiel), *Juristenzeitung* (JZ), Tübingen, 1980, p. 240.

Como dito, Köhler defende que o direito regula as relações interpessoais e externas através de regras com o maior grau de generalidade possível. Uma vez que se limita precisamente a estabelecer essas esferas de liberdade, não devem interessar caraterísticas particulares dos indivíduos (sexo, cor, religião, raça etc.). Interessa apenas a mera condição de pessoa, e as normas que constituem essa condição vigem com maior grau de universalidade possível. Assim, por exemplo, a proibição de matar vige de forma universal, sendo indiferente se a vítima do homicídio se chamava João ou Pedro, era branco ou mulato, umbandista ou católico. O crime, por sua vez, é afirmação de que essa norma não vige com o grau de generalidade pretendido, é a violação do direito não só em sua vigência particular, mas em sua "vigência de lei universal ('como direito') [allgemeingesetzliche Geltung *als Recht*] numa medida que prejudica, de forma fundamental, a autonomia jurídica da pessoa atingida ou da comunidade".[78] E aqui surge então a importância da motivação: é nela que se expressa o *grau em que essa generalidade da norma é negada*. Köhler assume a terminologia kantiana e fala em "máxima, em razão da qual o sujeito nega para si a proposição normativa válida por si mesma".[79] A generalidade da máxima expressa na conduta criminosa agrava a culpabilidade do agente, pois afeta de forma mais profunda a pretensão de generalidade da norma jurídica, atinge o direito "como direito", como mera regulação das relações interpessoais e externas. Assim, para seguir o exemplo apontado pelo próprio Köhler, um homicídio envolvendo um conflito particular, como o cometido por ciúmes, não tem a mesma pretensão de universalidade que um crime de ódio, que nega a qualidade de pessoa a todo um grupo de indivíduos, como o homicídio por motivos racistas.[80]

Kelker, em sua tese dedicada ao tema da legitimidade dos elementos de atitude interna, acolhe a argumentação de Köhler para

78. KÖHLER, Michael. *Strafrecht*: Allgemeiner Teil, Berlin/Heidelberg: Springer, 1997, p. 23.

79. KÖHLER, Michael. Zur Abgrenzung des Mordes erörtert am Mordmerkmal "Verdeckungsabsicht", p. 138. *Goltdammers Archiv* (GA), Heidelberg *et alii*, 1980, p. 121-141.

80. KÖHLER, Michael. Zur Abgrenzung des Mordes erörtert am Mordmerkmal "Verdeckungsabsicht", p. 138. *Goltdammers Archiv* (GA), Heidelberg *et alii*, 1980, p. 121-141.

consideração dos elementos subjetivos e busca esclarecer-lhe os fundamentos. Segundo defende, tomar a máxima ilícita, a regra de conduta que assumida pelo criminoso, como elemento determinante do grau de culpabilidade seria não só compatível com um direito voltado para assegurar a liberdade dos sujeitos, mas, em verdade, consequência direta deste. As normas jurídicas não seriam produtos de revelação divina, como os dogmas religiosos, ou dados de uma razão pura, como se poderiam considerar as proposições matemáticas, mas resultado de uma autolegislação que os sujeitos de direito impõem a si mesmos *em* mútuo *reconhecimento*: "essa relação de reconhecimento recíproco de autonomia é, com isso, o princípio fundamental (*das tragende Prinzip*) do direito".[81] Por se basear nessa relação de reconhecimento mútuo, o direito assume sua caraterística fundamental da universalidade, da igual proteção da liberdade dos sujeitos independente de suas qualidades particulares. Uma violação ao direito é sempre uma violação à relação de reconhecimento recíproco. É por essa razão que o querer do agente expresso na máxima tem influência sobre o grau de validade com que a norma vige. A reprovação não pode ficar circunscrita à violação da liberdade externa, pois a motivação do agente ao cometer o crime, a intensidade com que ele coloca em questão a validade universal de uma norma, demonstra o grau com que o reconhecimento recíproco foi fragilizado. Na motivação, o agente expressa "em que medida ele nega a um ou mais sujeitos o reconhecimento de sua liberdade tanto concretamente quanto em princípio".[82]

Quanto às qualificadoras objetivas, elas assumem também para essa forma de reprovação uma dependência em relação à motivação. A diferença entre homicídio e assassinato pressupõe um salto qualitativo que tem "sempre de se basear numa particular reprovabilidade do fato".[83] O homicídio como ilícito não está sujeito a gradações, "o bem jurídico vida só pode ser violado em sua objetividade de forma total,

81. KELKER, Brigitte, *Zur Legitimität von Gesinnungsmerkmalen im Strafrecht*: Eine strafrechtlich-rechtsphilosophische Untersuchung, Frankfurt am Main: Vittorio Klostermann, 2007, p. 468.
82. *Idem, ibidem*, p. 470.
83. *Idem, ibidem*, p. 617.

e não de forma parcial – mais ou menos violado”.[84] Assim, uma qualificação precisa buscar fundamento num maior grau de culpabilidade, que tem sempre um caráter pessoal, de modo que qualificadoras que consistem em modos ou meios de execução são sempre insuficientes para, por si só, justificar o aumento da punição. Decisivos são os elementos que integram a culpabilidade.

3.2.5 Crítica ao princípio de reprovabilidade ético-social

Expusemos acima o desenvolvimento da argumentação baseada na reprovação ético-social, saindo de uma teoria normativa dos tipos criminosos e chegando a uma concepção de reprovação baseada na violação de leis de liberdade. Passemos agora a uma análise crítica do próprio argumento na pressuposição que subjaz a todas essas diferentes concretizações.

Contra o princípio da reprovabilidade, são recorrentes duas principais objeções. A primeira delas é a de que esse critério implica uma “moralização” do direito, que não obedece à separação entre legalidade e moralidade, implicando a afirmação de um conjunto particular de normas morais em detrimento de outras. Anette Grünewald, por exemplo, aponta, como o problema das teorias da reprovabilidade, “tanto de autor (no período nazista) quanto do ato (no pós-guerra) (...)”, o fato de “exigir, além de uma valoração estrita do ato (ou, respectivamente, do autor), uma valoração moral ou ético-social”; elas implicariam um “acesso amplo ao mundo interior do agente”. Em resumo, “as soluções baseadas na reprovabilidade implicam uma fusão dos campos da legalidade e da moralidade, inteiramente problemática para uma compreensão moderna e liberal de direito, a qual reconhece à pessoa um *forum internum* em que não se pode intervir”.[85]

84. Köhler, Michael. Zur Strafbarkeit des Mordes bei “außergewöhnlichen Umständen” - BGHSt 30, 105, p. 764. *Jurisitsche Schulung* (JuS), München, 1984 Heft 10, p. 762-768.

85. Grünewald, Anette. *Das vorsätzliche Tötungsdelikt*, Tübingen: Mohr Siebeck, 2010, p. 46-47. Também nesse sentido: Rüping, Hinrich. Zur Problematik des Mordtatbestandes, p. 619. *Juristenzeitung* (JZ), Tübingen, 1979, p. 617-621. Peralta, José Milton. *Motivos reprochables*, Una investigación acerca de la relevancia de las motivaciones individuales para el Derecho penal liberal. Madrid: Marcial Pons, 2012, p. 44.

Essa objeção é insuficiente, pois encerra uma crítica meramente externa, não leva em conta os pressupostos que os autores criticados assumem ou, para colocar de outra forma, está sustentada sobre uma *petitio principii*. Diante da afirmação de que a consideração dos motivos implica uma "moralização" do direito, os autores que defendem o princípio da reprovabilidade reagiriam com um plácido aceno afirmativo, desde que por "moralização" do direito se entenda a reprovação nos termos por eles propostos. Não é que a consideração dos motivos implique uma extrapolação do limite entre legalidade e moralidade, mas as próprias noções de lícito e ilícito não podem se subsumir exclusivamente a uma dessas categorias. Quando nos esforçamos para encontrar os pressupostos legais de punibilidade, diria Schmidhäuser, "assumimos manifestamente que aquilo a ser compreendido é a descrição de uma realidade ética contrária a valores (sittlich-wertwidrig)".[86] Assim, a objeção já parte de uma distinção entre legalidade e moralidade que os defensores da concepção de direito não estão dispostos a aceitar desde o princípio. Além disso, é questionável se essa crítica se aplica à posição de Köhler e Kelker, que, além de assumirem a distinção entre legalidade e moralidade, levam em conta, para a valoração dos motivos, apenas o grau de generalidade da máxima neles contida (ver seção 4.2.2).

A segunda principal objeção seria a *indeterminação* do critério. Albin Eser, que enfatiza esse aspecto em sua crítica ao princípio da reprovabilidade, atribui-lhe uma "deficiência prática fundamental", objeta que "o juízo imediato de reprovação carece de critérios suficientemente claros e objetivos".[87] O que diferenciaria o desejo normal

86. SCHMIDHÄUSER, Eberhard. *Gesinnungsmerkmale im Strafrecht*, Tübingen: J. C. B. Mohr Siebeck, 1958, p. 159.

87. ESER, Albin. *Empfiehlt es sich, die Straftatbestände des Mordes, des Totschlages und der Kindestötung (§§ 211 bis 213, 217 StGB) neu abzugrenzen?*, Gutachten D für den 53. Deutschen Juristentag, München: C.H.Beck'sche Verlagsbuchhandlung, 1980, p. D 162. Nesse sentido, ver também: SCHNEIDER, Harmut. § 211, p. 471. In: JOECKS, Wolfgang; MIEBACH, Klaus (Hrsg.). *Münchner Kommentar zum Strafgesetzbuch*, 2. Ed., München: C. H. Beck, 2012, p. 472. ALBRECHT, Peter-Alexis. Das Dilemma der Leitprinzipien auf der Tatbestandsseite des Mordparagraphen, p. 699. *Juristenzeitung* (JZ), Tübingen, 1982, p. 697-706. OTTO, Harro. Straftaten gegen das Leben, p. 52. *Zeitschrift für die gesamte Strafrechtswissenschaft* (ZStW), Berlin, 83 (1971), p. 39-80.

de obter vantagens materiais da cupidez particularmente reprovável? E como mensurar, mesmo dentre aqueles que já atingiram o nível da torpeza, aqueles a que assiste particular torpeza e merecem, por isso, o maior castigo possível? A reprovabilidade deveria ser rejeitada, portanto, porque carrega a mácula da irracionalidade, da incomensurabilidade, somente compensada, em última análise, pelo julgamento arbitrário com base em meros sentimentos.

Essa objeção é apenas parcialmente precisa. É correta, por exemplo, quando oposta a uma reprovação baseada na teoria normativa dos tipos, tal como a defendida por Freisler e que serviu de base para a regulação positiva do homicídio na Alemanha. É difícil precisar o que integra o tipo normativo do assassino em oposição ao mero homicida, e a ideia de que esse tipo "está de acordo com o juízo comum que o povo faz do criminoso" só torna o quadro ainda pior, pois que haja um único tipo "assassino" na consciência de um povo é uma ficção de que só se pode servir um regime com grau de irrealidade como o regime nazista. Em verdade, como ressalta Schmidhäuser, a teoria normativa dos tipos delinquentes cumpria antes a função de conferir algum contorno às cláusulas gerais que o regime empregava, "deveria restringir, num direito penal de guerra, tipos penais ilimitados".[88] Assim, a teoria está comprometida, em sua origem e finalidade, a um direito penal que não faz reverência à legalidade e à determinação.

Por outro lado, no caso da concepção de reprovabilidade defendida por Schmidhäuser e, com mais razão ainda, na de Köhler e Kelker, não é adequada a crítica da indeterminação, se por isso entendemos uma falta de clareza dos critérios para se determinar se uma motivação é reprovável. Schmidhäuser esforça-se para apresentar critérios com que determinar o grau de culpabilidade: dolo e culpa; o esforço que o agente teve que desempenhar para realizar o ato ilícito; a gravidade com que realiza o ato (se é praticado no repouso noturno ou tem por objeto coisa comum no caso do furto, por exemplo); a frequência com que o agente comete ilícitos; se a atividade ilícita se

88. Schmidhäuser, Eberhard. *Gesinnungsmerkmale im Strafrecht*, Tübingen: J. C. B. Mohr Siebeck, 1958, p. 112.

torna a forma de subsistência.[89] Quanto aos dois outros autores, como se pode ver da exposição, estipulam, de forma clara, um único critério para aferir o grau com que a motivação agride o direito: a intensidade com que a máxima ilícita coloca em questão a universalidade do direito. O mais razoável é aceitar que não há algo como um "critério de qualificação suficientemente racionalizável",[90] se por isso deve ser entendido um critério para valorar, *a priori* e com absoluta precisão, diferentes homicídios. O próprio Eser, como se verá em mais detalhes posteriormente, evoca a "manutenção da confiança geral na existência e força impositiva da ordem jurídica"[91] como o critério para justificar as diferenças de punições. É difícil aceitar que isso satisfaça a sua própria exigência de um "critério de qualificação suficientemente racionalizável". No mais, a exposição sobre a premeditação deixou claro os perigos de uma racionalidade empedernida no tratamento de casos tão diferentes.

Há, no entanto, um sentido mais fundamental em que essa crítica da indeterminação pode estar correta. A razão da insuficiência da reprovabilidade estaria em sua indeterminação sob outra perspectiva, qual seja, a de que a reprovabilidade encerra uma antinomia, a qual se origina no *caráter duplo* da valoração que se exige, de um lado, para o ilícito e, de outro, para a culpabilidade. Há que existir uma ordem ético-social na qual se fundamenta o juízo de reprovabilidade de uma conduta; mas, além disso, é necessário que o agente, para que se verifique sua culpabilidade, *vivencie* em sua consciência os comandos da ordem *como reais*, sem o qual a punição não passaria, para esses autores, de mera violência. Culpabilidade é definida, assim, como "o descumprimento de tarefas (Aufgaben) (exigências de dever) devido ao emprego insuficiente de atos de controle",[92] "a decisão voluntária livre e responsável (selbstverantwortlich) contra um dever moral

89. Schmidhäuser, Eberhard, *op. cit.*, p. 198.

90. Eser, Albin. *Empfiehlt es sich, die Straftatbestände des Mordes, des Totschlages und der Kindestötung (§§ 211 bis 213, 217 StGB) neu abzugrenzen?*, Gutachten D für den 53. Deutschen Juristentag, München: C.H.Beck'sche Verlagsbuchhandlung, 1980, p. D 159.

91. *Idem, ibidem*, p. D 167.

92. Welzel, Hans. Persönlichkeit und Schuld, p. 468. *Zeitschrift für die gesamte Strafrechtswissenschaft* (ZStW), Berlin, 60 (1941), p. 428-474.

reconhecido",[93] "comportamento espiritual moralmente contrário a valores, que tem nos fatos psicológicos (seelische Gegebenheiten) o seu 'lugar'",[94] "a livre (autodeterminada) deliberação (processo de decisão) pela máxima ilícita", que deve "ser determinada, em todas as suas formas, como culpabilidade real da vontade – e não como mero poder-agir-diferente 'normativo' ou uma 'atribuição' baseada em 'necessidades' sociais".[95]

Essa combinação entre, de um lado, ordens normativas historicamente situadas e, de outro lado, a exigência da consciência do dever para o juízo de culpabilidade confere um tom dramático ao problema da chamada *consciência em erro*, antigo conhecido do direito natural e da teologia moral.[96] A questão que se colocava então era se é boa ou má uma vontade que se baseia numa consciência em erro, numa consciência divergente da lei eterna; em termos simples: se fazer o errado supondo estar fazendo o certo é algo bom ou mau. O problema se intensifica para uma concepção de reprovabilidade ético-social, pois, tomando as palavras de Welzel, está calcada sobre uma filosofia do direito que, tal como um "direito natural de conteúdo variável",[97] perdeu seu conteúdo material necessário. Perde-se, com isso, o suporte seguro para a verificação do erro: o que era erro pode passar a ser correto; e o que, para alguns, é visto como erro pode, para outros, ser tido como acerto. A rigor, passa mesmo a ser inadequado falar em "erro", pois aquele que estaria em "erro" vivencia a exigência moral como verdadeira, como exigência de dever, que só é tida como "erro" porque não está em consonância com uma ética-social predominante.

Os autores acima tratados obviamente percebem essa dificuldade, mas as soluções apresentadas se revelam insatisfatórias, porque caem em um dos seguintes extremos problemáticos: ou *constrói-se*

93. KAUFMANN, Arthur. *Das Schuldprinzip*: Eine strafrechtlich-rechtsphilosophische Untersuchung, 2. Ed., Heidelberg: Karl Winter Verlag, 1976, p. 129.

94. SCHMIDHÄUSER, Eberhard. *Gesinnungsmerkmale im Strafrecht*, Tübingen: J. C. B. Mohr Siebeck, 1958, p. 174.

95. KÖHLER, Michael. *Strafrecht*: Allgemeiner Teil, Berlin/Heidelberg: Springer, 1997, p. 349.

96. Para uma breve exposição da discussão sobre a consciência em erro pela tradição jusnaturalista: WELZEL, Hans. *Vom irrenden Gewissen*: Eine rechtsphilosophische Studie, Tübingen: J. C. B. Mohr Siebeck, 1949, p. 6-12.

97. *Idem, ibidem*, p. 5.

normativamente uma aceitação universal de exigências ético-sociais, ou *abre-se mão da generalidade* do direito, individualizando-se os critérios para a censura jurídica. A primeira solução é problemática, porque contraria o princípio de culpabilidade, visto que, conforme assumido pelos próprios defensores da reprovabilidade, este exige que o agente vivencie a exigência ético-social como real; a segunda também o é, porque o direito perde seu caráter objetivo, descaracteriza-se como instrumento de mediação de conflitos, como ordem comum para regular a convivência humana.

De forma mais clara e concreta: Schmidhäuser acredita contornar a dificuldade da "consciência em erro" afirmando que as convicções em que se baseia o juiz, como representante da comunidade, "praticamente quase sempre"[98] concordam com as do próprio criminoso. Essa concordância é possível graças à universalidade dos valores em questão. Como visto, uma ética social se diferenciaria de uma ética individual devido à possibilidade de cumprimento universal de seus preceitos, o que não seria possível numa ética individual. No caso excepcional do chamado delito de convicção (Überzeugungstat), em que é clara a discordância de convicções entre julgador e julgado, a pena se fundamentaria ainda num "dever moral do agente de seguir a ordem jurídica como tal".[99]

No entanto, basta pensar nos problemas concretos que a ciência penal e os aplicadores do direito têm de enfrentar para perceber que a realidade das convicções ético-sociais não é tão pacífica assim: eutanásia, aborto, tráfico e consumo de drogas, promoção e prática de prostituição, para nos restringirmos a alguns dos temas discutidos atualmente, nem de longe se caracterizam por uma concordância generalizada. À medida que as reivindicações se tornam mais concretas, que os valores abstratos se traduzem em normas para reger situações específicas, torna-se mais difícil falar em concordância de convicções, sobretudo em sociedades caracterizadas por uma pluralidade de visões políticas, religiosas e filosóficas. Além disso, o recurso a um "dever moral de seguir a ordem como tal" não é suficiente, pois, na verdade, acaba desvirtuando veladamente o conceito de delito

98. Schmidhäuser, Eberhard. *Gesinnungsmerkmale im Strafrecht*, Tübingen: J. C. B. Mohr Siebeck, 1958, p. 185.
99. *Idem, ibidem*, p. 185, nota de rodapé 70.

de convicção. Se julgado e julgador concordam quanto à existência de tal dever, o dever de obedecer a ordem jurídica como tal, não há mais incompatibilidade de convicções. Supor que a prescrição de uma conduta baseada num dever moral de seguir a lei pode conviver com a convicção moral de omitir aquela conduta significa dizer que a mesma conduta pode ser vista como moral e imoral ao mesmo tempo. O delito de convicção só existe se o autor está convicto de que o Estado não lhe pode impor determinada conduta.

Köhler busca uma saída pelo extremo oposto. Ao contrário de Schmidhäuser, reconhece ser possível que um "regramento de direito positivo contrarie uma concepção ético-social mais ou menos difundida e, assim, tenha, evidentemente, o efeito de uma ordem de coação heterônoma",[100] ou seja, aceita a possibilidade de que haja, entre julgado e julgador, uma divergência de convicções. No entanto, nos casos em que o direito positivo "se vincula imediatamente a uma ordem ético-social", como na qualificadora "por outro motivo torpe", não haveria essa contrariedade, pois, como já mencionado anteriormente (seção 3.2.4), é possível que os concidadãos afirmem a norma, mas a compreendam segundo suas visões morais e concepções de bem particulares.[101] Assim, um homicida não mereceria a punição de um homicídio qualificado, se ele não vivenciou, em sua consciência, a motivação como torpe, por mais que o julgamento predominante naquela comunidade a considere torpe. Condição para isso é apenas que a motivação "em geral possa se afirmar com certa pretensão ética de universalidade".[102] No exemplo do caso analisado por Köhler, o autor, "que vivera numa família de pais fortemente marcados pelos costumes e usos turcos",[103] matou um estudante que engravidara sua irmã e recusara-se a desposá-la. Köhler considera que, nesse caso, não há motivo torpe, pois os valores da visão particular de mundo do autor são determinantes para a reprovabilidade da motivação. *Para ele*, a motivação não era torpe.

100. KÖHLER, Michael. Anmerkung: BGH, Beschluß v. 27.11.1979 – StR 711/79 (LG Kiel), p. 240. *Juristenzeitung* (JZ), Tübingen, 1980, p. 238-241.

101. *Idem, ibidem*, p. 240.

102. *Idem, ibidem*, p. 240.

103. BGH, Beschluß v. 27.11.1979 – 5 StR 711/79 (LG Kiel). *Juristenzeitung* (JZ), Tübingen, 1980, p. 238.

Analisada mais detidamente, entretanto, essa condição da universalidade só é capaz de declarar imoral uma motivação que entre em contradição consigo mesma, que abra para si uma exceção que não aceitaria para todas as outras pessoas. Ela pressupõe, assim como o imperativo categórico kantiano, a validade das práticas sociais ou instituições submetidas à prova da universalidade.[104] Assim, desde que não seja tida por egoísta, seria sempre questionável que uma motivação possa ser tida por torpe. Motivações como ódio a negros, índios ou homossexuais, por exemplo, jamais poderiam ser torpes, desde que o agente esteja disposto a fazer valer sua máxima ("todo negro, índio ou homossexual deve ser morto", por exemplo) universalmente, inclusive para parentes próximos ou para si mesmo.[105] Perde-se, com isso, um solo comum para resolver conflitos entre concepções de mundo diferentes, criando-se parâmetros incomensuráveis de julgamento para pessoas submetidas à mesma ordem jurídica. O que, para uns, seria um homicídio dotado de agudíssima torpeza poderia ser tido, por outros, como impelido por relevante valor social ou moral, desde que ambos estejam sinceramente dispostos a fazer da sua motivação uma regra geral.

Portanto, interpretar circunstâncias subjetivas dessa forma, isto é, como referências imediatas a concepções ético-sociais com pretensão de universalidade, faz com que privilégio e qualificação do homicídio dependam *das convicções* dos agentes, que podem ser as mais diferentes possíveis. Tome-se, como exemplo, o primeiro caso dentre os apresentados no começo deste trabalho (Seção 2.2, Caso 1), o caso do assassinato das estudantes de engenharia. Se partirmos da ideia de que a ordem jurídica deve incorporar valorações pessoais, como sustenta Köhler, teríamos de aceitar que Lépine não cometeu os homicídios por razões torpes ou quiçá que agiu impelido por motivo

104. PFORDTEN, Dietmar von der. *Rechtsphilosophie*: Eine Einführung. München: C. H. Beck, 2013, p. 98-99.

105. Crítico, nesse sentido: GRECO, Luís. Ehrenmorde im deutschen Strafrecht, p. 316. *Zeitschrift für Internationale Strafrechtsdogmatik* (ZIS), 7-8/2014, 9. Jahrgang, p. 309-319. Greco oferece, como exemplo, o caso de alguém que odeia tanto judeus a ponto de ser capaz de matar sua própria mulher ou mesmo cometer suicídio, caso venha a descobrir que têm origem judia.

de relevante valor moral, e isso com base na simples constatação de que o autor estava convicto da retidão moral de sua motivação.

Retomando a pergunta que enseja este capítulo: qual a razão de qualificação do homicídio? Se aceitarmos a reprovabilidade, tal como exposta acima, como resposta, ela só pode satisfazer de forma parcial, só será convincente para o grupo que compartilha das convicções levadas em conta para a realização da censura. Em nosso exemplo: é possível que Lépine se satisfaça com a explicação de que receberá a pena do homicídio simples, porque o cometeu com base em sinceras convicções; no entanto, é incompreensível como a mera menção à convicção particular do agente pode apresentar uma justificativa acessível aos demais concidadãos, sobretudo, àqueles cujas convicções tomam sentido diametralmente oposto (feministas, por exemplo). Assim, a particular reprovabilidade do homicídio não é capaz de oferecer uma razão adequada para as diferenças de pena, porque é dependente de valorações ético-sociais em torno das quais um dissenso é não só possível, como cada vez mais provável em sociedades modernas.

Não seria então um caminho mais promissor desconsiderar as diversas concepções ético-sociais vigentes e buscar explicar as diferenças de punição em um argumento, em princípio, acessível a todos? Talvez a qualificação do homicídio, também quanto às circunstâncias subjetivas, possa se justificar sem a necessidade de recorrer a valorações pessoais, algo que seja próprio da censura jurídica e independente da existência ou intensidade de uma censura moral, independente do caráter reprovável da conduta. Isso nos sugere um redirecionamento na investigação e proporciona uma confortável passagem para o tópico seguinte, em que a periculosidade é analisada como princípio justificador da qualificação.

3.3 O princípio da periculosidade

Em geral, com a intenção de conferir maior objetividade e racionalidade à distinção entre homicídio simples e qualificado,[106] opõe-se

106. RÜPING, Hinrich. Zur Problematik des Mordtatbestandes, p. 619. *Juristenzeitung* (JZ), Tübingen, 1979, p. 617-621.

ao princípio da reprovabilidade o da periculosidade. Como exposto, ao contrário da reprovação, que, além de implicar uma perigosa "moralização" do direito, objeta-se que o critério seria demasiado indeterminado. A periculosidade ofereceria maior grau de concreção e mensurabilidade e, com isso, maior segurança na interpretação das qualificadoras. Também o princípio da periculosidade pode vincular-se ao perigo social do agente ou do ato criminoso em si, de modo que há uma correspondência com as teorias preventivas especial e geral. A periculosidade é, por isso, dependente das fundamentações conferidas às respectivas teorias preventivas e padece de suas eventuais deficiências.

Exemplo de legislação concebida com base na periculosidade do agente é o nosso Código Penal de 1940, em cuja exposição de motivos se lê que as circunstâncias qualificadoras são "reveladoras de maior periculosidade ou extraordinário grau de perversidade do agente". Nelson Hungria, em comentário ao artigo 121, fala em "maior criminosidade do agente",[107] e outras monografias publicadas nas décadas de 40 e 50 mencionam, embora *en passant*, a periculosidade do agente como critério justificador da distinção.[108] Outro exemplo, mas orientado à prevenção geral, é o já citado Projeto Alternativo de Código Penal Alemão, que, embora abandonasse a distinção entre assassinato e homicídio, facultava a pena de prisão perpétua nos casos em que ao homicídio se agregavam circunstâncias particularmente gravosas para bens jurídicos.[109]

107. Hungria, Nélson. *Comentários ao Código Penal*, Vol. 5, 5. ed. Rio de Janeiro: Forense, 1979, p. 32.

108. Ver nota de rodapé 3, p. 14, deste trabalho.

109. Segue a redação traduzida do § 100 II AE, 5: "Se o agente 1. mata, por meio de uma ou mais ações, mais de uma pessoa; 2. põe imediatamente em perigo, por meio de sua ação, a vida de outras pessoas; 3. impõe à vítima, no momento do ato, considerável sofrimento físico ou psicológico; 4. age intencional e maliciosamente ou; 5. mata para possibilitar um delito, para ocultar um delito em razão de uma deliberação anterior ao seu cometimento ou para alcançar vantagem patrimonial." Redação original: "wenn der Täter 1. durch eine oder mehrere Handlungen mehrere Menschen tötet, 2. durch die Tat das Leben weiterer Menschen unmittelbar gefährdet, 3. dem Opfer bei der Tat erhebliche körperliche oder seelische Qualen zufügt, 4. absichtlich und mutwillig handelt oder 5. zur Ermöglichung einer Straftat, zur Verdeckung einer Straftat auf Grund eines vor der Straftat gefaßten Entschlusses oder zur Erlangung eines

3.3.1 A periculosidade do agente: Franz von Liszt, Gunther Arzt

No tópico anterior, chegou-se à conclusão de que o princípio da reprovabilidade é insuficiente para responder a perguntar que nos move neste ponto da investigação. "Segundo qual escala deve, em primeiro lugar, o legislador e, em segundo, o juiz, medir os motivos? Seriam determinantes juízos de valor éticos, jurídicos ou outros (por exemplo, sociais)?"[110] Foi com essa indagação, semelhante à que chegamos ao fim do tópico anterior, que Franz von Liszt reagiu à tendência, impulsionada pelo já mencionado projeto de Stooß, de atribuir aos motivos importância na caracterização dos delitos e determinação da medida de pena. Com essa aguçada percepção, Liszt já antecipava os problemas apontados acima e tomava, com isso, um caminho diferente para responder ao problema.

Esse caminho já fora, em suas linhas gerais, traçado no escrito "*Der Zweckgedanke im Strafrecht*" (A ideia de fim em direito penal), o célebre Programa de Marburgo. A pena é caracterizada, em sua origem, como uma reação primitiva, impulsiva e inconsciente a uma agressão ao indivíduo e à espécie humana. O processo evolutivo das comunidades humanas seria, no entanto, marcado por uma "objetivação" da pena, pela atribuição de sua determinação e execução a um órgão imparcial representante da comunidade. A isso corresponde uma sujeição gradual do ato de punir a uma finalidade, que não é senão o surgimento da ideia do direito penal, um processo de "juridicização" da pena: "ela [a pena] só assume em si a ideia de fim como pena jurídica".[111] A "objetivação" da pena permite que o órgão representante da comunidade reconheça agressões a condições vitais da comunidade e eleve-as à condição de interesses juridicamente protegidos, a bens jurídicos. A pena assume a roupagem então de uma "proteção a bens jurídicos consciente de seu fim";[112] a pena, em

Vermögensvorteils tötet." BAUMANN, Jürgen *et alii. Alternativ-Entwurf eines Strafgesetzbuches*: Besonderer Teil, 1. Halbband, Tübingen, 1970, p. 7.

110. LISZT, Franz von. Die psychologischen Grundlagen der Kriminalpolitik, p. 483. *Zeitschrift für die gesamte Strafrechtwissenschaft* (ZStW), Berlin, 16 (1896), p. 477-517.

111. LISZT, Franz von. Der Zweckgedanke im Strafrecht, p. 17. *Zeitschrift für die gesamte Strafrechtwissenschaft* (ZStW), Berlin, 3 (1883), p. 1-46.

112. *Idem, ibidem*, p. 33.

sua previsão e determinação de medida e conteúdo, serve à ideia de prevenção. Assim, dada a necessidade de aplicação de uma pena a um criminoso real, é a ideia de fim que é capaz de determinar a medida e espécie de pena adequada, e não a ideia abstrata e incomensurável de retribuição: "a pena correta, isto é, justa, é a pena necessária".[113] A pena jurídica, imbuída da ideia de prevenção, é a única capaz de determinar *a pena concreta para um criminoso concreto*.

Essa conclusão estabelece a tarefa que antecede toda a política criminal: a investigação científica do criminoso. Somente assim seria possível determinar seu valor para a comunidade e, com isso, a pena necessária. Liszt assume então ele mesmo uma parte dessa empreitada, a investigação da índole psíquica do criminoso segundo sua relevância para a proteção da ordem jurídica, e chega à distinção entre criminoso momentâneo (*Augenblicksverbrecher*) e criminoso por condição (*Zustandsverbrecher*).[114] Assim, à luz dessa distinção psicológica fundamental, a consideração dos motivos ganha uma nova coloração em direito penal. A valoração dos motivos só tem sentido se referida à índole do criminoso e recebe tratamento dife-

113. Liszt, Franz von, *op. cit.*, p. 31.

114. Liszt, Franz von. Die psychologischen Grundlagen der Kriminalpolitik, p. 496 ss. *Zeitschrift für die gesamte Strafrechtwissenschaft* (ZStW), Berlin, 16 (1896), p. 477-517. Os termos são de difícil tradução. "Augenblick" significa momento, instante; "Zustand", um estado, uma circunstância ou condição duradoura. Ambos os termos são antepostos à palavra "Verbrecher", que significa criminoso. A justaposição de palavras, comum em alemão, significa que o primeiro termo qualifica, caracteriza o segundo. Há uma convergência, reconhecida pelo próprio Liszt, entre a classificação proposta por ele, que traduzimos aqui por criminoso momentâneo e criminoso por condição, e a tradicional distinção entre criminoso de ocasião (*Gelegenheitsverbrecher*) e criminoso habitual (*Gewohnheitsverbrecher*). Liszt considera, no entanto, que o termo "ocasião" induz ao erro, porque poderia sugerir, por exemplo, que, aquele que em toda ocasião que se lhe oferece comete um delito, poderia merecer a punição branda atribuída, em geral, ao criminoso de ocasião. O termo "criminoso habitual", por sua vez, não abrange todos os agentes que deveria, pois em muitos casos (o batedor de carteiras profissional ou estelionatário, por exemplo) não se deixariam levar "pelo doce hábito, mas praticam seu ofício em contradição consciente para com a ordem jurídica (...)". *Idem, ibidem*, p. 498. A ideia subjacente, portanto, é de uma distinção entre os criminosos que foram levados pelas circunstâncias a cometer o delito (criminoso momentâneo) e aqueles que têm em si a condição de criminoso (criminoso por condição).

rente a depender da categoria psicológica que se lhe atribui. O peso dos motivos é medido com a balança da índole psicológica que os produz.

Aplicando essas considerações à dogmática do homicídio, Liszt afirma ser impossível uma distinção *conceitual* entre homicídio (*Totschlag*) e assassinato (*Mord*). O critério da premeditação não seria uma expressão necessária do "caráter antissocial do autor e, com isso, de sua maior periculosidade social",[115] e uma distinção baseada na reprovação social, tal como assumida por Stooß, também não seria possível, pois "não existe um conceito de assassinato reconhecido em geral, incorporado à consciência jurídica dos povos civilizados".[116] Isso não implica que fosse impossível uma gradação no quadro de pena previsto, mas essa gradação precisaria ter como ponto de referência o caráter antissocial do agente: "no primeiro grupo de casos [casos mais graves], estariam aquelas circunstâncias, por meio das quais se reconhece a periculosidade social do autor; no segundo grupo de casos [casos mais leves], aquelas, por meio das quais se dá oposto".[117] Dentre os casos mais graves, Liszt destaca um grupo em que "a personalidade do autor, mesmo que desconsiderada a conformação objetiva do ato, demonstra particular perigo comum".[118] Em outro escrito, Liszt oferece uma "tábua dos motivos", uma lista de grupos de motivações, mas reconhece ser impossível "conferir um juízo de valor unificado para cada um de nossos grupos".[119] O fundamento de um sistema de política criminal e, portanto, também da consideração penal dos motivos estaria na diferenciação de índole psíquica acima mencionada entre criminoso momentâneo e criminoso por condição.

115. Liszt, Franz von. Verbrechen und Vergehen wider das Leben, p. 38. In: Birkmeyer, Karl; *et alii* [Hrsg.], *Vergleichende Darstellung des deutschen und ausländischen Strafrechts*: Vorarbeiten zur deutschen Strafrechtsreform, V. Band, Berlin: Verlag von Otto Liebmann, 1905.

116. *Idem, ibidem*, p. 69.

117. *Idem, ibidem*, p. 78.

118. *Idem, ibidem*, p. 93.

119. Liszt, Franz von. Die psychologischen Grundlagen der Kriminalpolitik, p. 495. *Zeitschrift für die gesamte Strafrechtwissenschaft* (ZStW), Berlin, 16 (1896), p. 477-517.

Nas últimas décadas, o principal argumento a favor de uma qualificação baseada na periculosidade do agente foi desenvolvido por Gunther Arzt. A argumentação de Arzt é bastante semelhante à de Liszt, exceto num ponto: Arzt considera possível uma distinção conceitual entre homicídio e assassinato, razão pela qual nos concentraremos apenas nesse argumento.[120]

Arzt parte de uma inversão da pergunta: não se trata de buscar aquilo que justifica um incremento da pena em diferentes tipos de homicídio, mas, partindo-se do fato de que o direito positivo prevê uma punição de caráter absoluto, seja de pena de morte ou prisão perpétua, é necessário um tipo penal ou uma variação típica que corresponda a esse salto qualitativo na punição. É porque há a previsão de pena de prisão perpétua no direito alemão que se justifica a existência do homicídio qualificado, e não o contrário.[121]

O passo seguinte a essa constatação é perguntar então pelo sentido da pena de prisão perpétua, que, para Arzt, "só se torna realidade com a periculosidade do agente".[122] Arzt observa a prática do perdão para os casos de prisão perpétua e verifica que os requisitos são sempre o cumprimento de um longo período de pena e a existência de prognósticos favoráveis que apontam ser improvável o cometimento de outros crimes por parte do perdoado. A pena de prisão perpétua deixa de ter sentido quando ausente a finalidade de proteção da sociedade, e a própria realidade, a forma em que essa punição é praticada nos diversos países que a adotam, desmentiria uma suposta justificação referida à culpabilidade do agente. A existência da figura do homicídio qualificado justifica-se apenas com referência à proteção da sociedade, um fim que, de forma consequente, Arzt reconhece ser atingível por meio de "medidas de segurança, e não por meio de pena".[123]

120. Recorrendo à argumentação de Liszt e Arzt, ver também: Sanz Morán, Angel J. Presupuestos para la reforma de los delitos contra la vida, p. 798-799. *ADCPC* 1995, p. 783-848.

121. Arzt, Gunther. Die Delikte gegen das Leben, p. 11. *Zeitschrift für die gesamte Strafrechtwissenschaft* (ZStW), Berlin, 83 1971, p. 1-38.

122. *Idem, ibidem*, p. 17.

123. *Idem, ibidem*, p. 23.

3.3.2 *O problema da qualificação com base na periculosidade do agente*

É comum opor às teorias da prevenção especial deficiências de ordem empírica. A consistência do argumento depende de que o efeito esperado, a influência da pena sobre a índole antissocial do agente, de fato se verifique, e há muitas dúvidas quanto a sua efetividade.[124] Além dessas críticas de ordem empírica, há outras de natureza normativa, dentre as quais se destaca, talvez como a mais decisiva, a ausência de relação entre pressuposto e pena.[125] Se a pena persegue a finalidade de proteger as condições vitais da sociedade, e essa proteção se faz por meio dos efeitos da pena sobre a pessoa do apenado, não há razão para condicionar a punição ao cometimento de um delito ou estabelecer qualquer relação de proporcionalidade entre gravidade do ato e pena aplicada. O furto de uma caixa de leite pode levar a anos de cadeia, se no autor se reconhece uma índole antissocial. Por outro lado, o oficial responsável por crimes num campo de concentração, o investigador que pratica tortura contra opositores de um regime autoritário ou mesmo o marido que pratica falso testemunho para preservar a reputação de sua mulher,[126] todos esses casos poderiam restar impunes, pois permitem concluir ser improvável a reincidência e, por isso, desnecessário o "melhoramento" do agente.

É provável que Liszt tenha antecipado essa objeção, pois, já no mencionado Programa de Marburgo, classificava sua teoria da pena como uma teoria unificadora, uma teoria que reunia elementos

124. Para uma síntese dessas objeções, com referências a outras fontes: HÖNRLE, Tatjana. *Straftheorien*, Tübingen: Mohr Siebeck, 2011, p. 20-23.

125. Nesse sentido, por exemplo: ROXIN, Claus. Sinn und Grenzen staatlicher Strafe, p. 379. *Juristische Schulung* (JuS), München, 1996, Heft 10, p. 377-387. STRATENWERTH, Günther; KUHLEN, Lothar. *Strafrecht Allgemeiner Teil*, 6. ed., München: Verlag Franz Vahlen, 2011, p. 9. SCHMIDHÄUSER, Eberhard. *Strafrecht Allgemeiner Teil*, 2. Ed., Tübingen: J. C. B. Mohr, 1975, p. 54. JESCHECK, Hans-Heinrich; WEIGEND, Thomas. *Lehrbuch des Strafrechts*: Allgemeiner Teil, 5. ed., Berlin: Duncker & Humblot, 1996, p. 75. JAKOBS, Günther. *Strafrecht Allgemeiner Teil*: Die Grundlagen und die Zurechnungslehre, 2. ed., Berlin: Walter de Gruyter, 1991, p. 24-25. PAWLIK, Michael. *Person, Subjekt, Bürger*: Zur Legitimation von Strafe, Berlin: Duncker & Humblot, 2004, p. 32.

126. JESCHECK, Hans-Heinrich; WEIGEND, Thomas. *Lehrbuch des Strafrechts*: Allgemeiner Teil, 5. ed., Berlin: Duncker & Humblot, 1996, p. 75.

de teorias absolutas e relativas da pena. Como visto, a pena é tida por ele como submetida a um processo evolutivo gradual, em que uma ação impulsiva de defesa é "domesticada" pela ideia de fim, mas sem deixar de ser o que é. E, de fato, Liszt explica a relação entre delito e pena através dessa origem evolutiva: "Exatamente porque a pena primitiva é uma ação impulsiva (...), ela é uma consequência do delito."[127] Com isso, Liszt acredita afastar-se das teorias relativas, que ignoram a origem da pena em seu caráter de reação a uma agressão. Repressão e prevenção não seriam inconciliáveis, pena é "prevenção por meio de repressão".[128] O problema da réplica, no entanto, é que, primeiro, ela não responde aos casos de desproporcionalidade crassa entre delito e pena, como exemplo acima do furto. Por mais que a existência de uma ação do apenado seja um pressuposto necessário da pena, sendo esta assim uma reação ao delito, disso não se deduz nada sobre o caráter e a intensidade dessa reação. Além disso, Liszt declara "a completa vinculação do sistema penal à ideia de fim" como um "ideal da justiça penal".[129] Não há como negar que a completa vinculação possa levar à substituição da vinculação original entre delito e pena, de modo que esta possa ser necessária sem que haja qualquer delito.

Liszt buscava, com isso, suprir uma lacuna das teorias retributivistas: a determinação não só dos pressupostos do delito, mas também da *natureza e medida da pena*. A pena, que tem na privação duradoura de liberdade talvez o seu exemplo mais marcante, precisa de um ponto de referência também duradouro, algo que a fugacidade do ato não poderia nos oferecer. Esse ponto de referência é a índole psíquica do autor. Isso deixa em aberto, no entanto, a pergunta acerca da relação entre ato e autor, motivação e índole. Duas são as respostas possíveis aqui: i) pode-se dizer que a índole é algo que está para além das várias motivações particulares do autor, que é mais do que a soma de todos os sentimentos, medos, desejos etc., algo com uma realidade própria; ii) ou que a índole é a imagem que se compõe a partir da soma das diversas motivações expressas ao longo da vida do autor,

127. Liszt, Franz von. Der Zweckgedanke im Strafrecht, p. 17. *Zeitschrift für die gesamte Strafrechtwissenschaft* (ZStW), Berlin, 3 (1883), p. 1-46.
128. *Idem, ibidem*, p. 45.
129. *Idem, ibidem*, p. 31.

de modo que todos os motivos sempre advêm da índole e recompõem a imagem que se faz dela, eles seriam sempre a expressão do caráter.

Se tomarmos a primeira resposta como correta, a consequência é que a prevenção especial, os seus efeitos sobre o delinquente, embora chegue a um critério para determinar a natureza e medida da pena, não tem nada a dizer sobre a determinação dos pressupostos da pena, e, com isso, Liszt resolve um problema à custa de criar outro. Os motivos careceriam de estrito valor científico, como Liszt o reconhece ao fazer sua própria classificação dos motivos, pois mesmo uma índole boa poderia produzir uma ação egoísta. No entanto, não só os motivos seriam imprecisos, mas qualquer determinação de punibilidade baseada no ato em si. Assim, por exemplo, o estado de necessidade não poderia ser visto como justificante genérica: imaginemos, por exemplo, dois estados de necessidade idênticos, sendo que um dos autores tem boa índole e o outro, índole de um criminoso por condição. Deixar este impune certamente contrariaria o fim perseguido pelo direito. Levado às últimas consequências, essa ideia levaria à negação de toda determinação genérica. "Só se pode falar de retribuição em relação a um ato *concreto*, e este é inseparável da pessoa do agente";[130] o ato concreto, no entanto, é único, irrepetível e incomensurável, assim como o é a pessoa do agente. Se apenas o ato concreto e a pessoa concreta são pontos de referência seguros para determinação da pena, o direito perde assim sua qualidade genérica e, com isso, sua aptidão para orientação da conduta humana.

Essas considerações explicam também por que Arzt atribui a uma punição absoluta, como pena de morte ou prisão perpétua, a única forma de traçar uma distinção conceitual entre homicídio e assassinato. Se a índole do agente é o único critério capaz de determinar a medida e a natureza da pena, somente uma índole socialmente incurável seria compatível com uma previsão absoluta, somente aqui é possível a criação de uma norma geral. Em todos os outros casos, a punição depende da natureza particularíssima da personalidade do autor, do grau de antissociabilidade de seu caráter. Sua posição,

130. LISZT, Franz von. Der Zweckgedanke im Strafrecht, p. 44. *Zeitschrift für die gesamte Strafrechtwissenschaft* (ZStW), Berlin, 3 (1883), p. 1-46.

portanto, está sujeita às mesmas objeções desenvolvidas acima, se compreendemos índole psicológica no primeiro sentido exposto.[131]

Por outro lado, se a relação índole-motivos se dá da segunda maneira exposta, compreendendo-se motivos sempre como a expressão do caráter, então é indiferente atribuir prioridade à índole ou aos motivos. Voltando para o nosso exemplo do estado de necessidade, aquilo que seria um ato egoísta pode ser reinterpretado, para aquele que tem boa índole, como embotado por forte emoção ou não mais como egoísta, mas como a intenção sincera e consciente de proteger o bem de maior valor; de outro lado, pode-se considerar o ato para reinterpretar o caráter: aquele que, até então, mostrava uma índole incensurável, passa a ser visto como capaz de atos egoístas. Essa última opção, entretanto, implica um retorno ao problema das teorias absolutas. O ato passa a ser o ponto de referência, e pena perde o critério para determinação de sua medida e natureza.

Liszt censurava seus críticos por se basearam numa ideia abstrata de criminoso, e não no criminoso concreto: "as suas penas correspondem ao *conceito* de crime, à abstração que a lei e a ciência construíram a partir do ato concreto".[132] Da análise acima, contudo, resultou que a construção de um sistema penal com base em um delinquente concreto implica, em princípio, o sacrifício da teoria do delito. Tratemos então de analisar se a posição contrária, a periculosidade do ato, não nos oferece um caminho mais promissor.

3.3.3 A periculosidade do ato: Albin Eser, Günter Heine

Para outros autores, a fonte de periculosidade reside antes no ato em si, e as qualificadoras se justificam quando incluem circunstâncias outras que agregam ao homicídio simples maior gravidade. Esboçado nesses termos, o princípio permanece ainda bastante indeterminado

131. Vale mencionar, além disso, que esse pensamento dificilmente se deixaria trasladar ao direito brasileiro, pois pressuporia uma ruptura constitucional, visto que a proibição de penas de caráter perpétuo foi incluída no rol constitucional de garantias individuais (art. 5.º, XLVII, *b*, CF) e assume, com isso, o *status* de cláusula pétrea.

132. Liszt, Franz von. Der Zweckgedanke im Strafrecht, p. 44. *Zeitschrift für die gesamte Strafrechtwissenschaft* (ZStW), Berlin, 3 (1883), p. 1-46.

e não é capaz de oferecer parâmetros suficientes para a interpretação das qualificadoras. As principais tentativas de concretizá-lo e deduzir daí consequências para a dogmática do homicídio se vinculam à ideia de proteção de bens jurídicos ou a uma justificação que reúne finalidade de prevenção negativa e positiva integrativa. Passemos a expor essas posições. Vale mencionar, antes de iniciarmos a exposição, que nenhum dos dois autores tratados a seguir, Albin Eser e Günter Heine, explica a qualificação exclusivamente com base na periculosidade, propondo antes uma interpretação mista que envolve elementos de reprovabilidade e periculosidade. Trataremos, contudo, apenas dos argumentos referidos à periculosidade, visto que os autores não apresentam nada de novo em relação ao princípio da reprovabilidade, que já foi analisado e rejeitado anteriormente (Seção 3.2).

Assim, a primeira tentativa de concretizar essa ideia parte da premissa de que o delito de homicídio simples já cumpre a função de proteção do bem jurídico vida, um bem cuja violação não permite gradação; à vida humana se atribui sempre o mesmo valor, e é, por isso, igualmente merecedora de proteção em quaisquer circunstâncias. Com isso, a única forma de se justificar um salto qualitativo em determinados homicídios seria nos casos em que se viola, além da vida, simultaneamente, outro bem jurídico.[133] Isso seria particularmente claro no caso dos homicídios cometidos para ocultar ou possibilitar outro crime e com emprego de recurso de que resulta perigo comum, mas também se aplicaria, por exemplo, ao cometido com uso de meios cruéis, caso em que se reúnem necessidade de proteção dos bens vida e integridade física. O Projeto Alternativo de Código Penal Alemão, em sua regulação sugerida para o homicídio, embora rejeite a tradicional distinção entre assassinato e homicídio, segue uma orientação semelhante, conforme se pode constatar da justificação: "Uma intensificação da pena considerando a gravidade da violação ao bem jurídico só pode se dar, no homicídio doloso, com base no cometimento de vários homicídios, na periclitação de outras vidas humanas ou na forma particularmente dolorosa do homicídio."[134]

133. RÜPING, Hinrich. Zur Problematik des Mordtatbestandes, p. 620. *Juristenzeitung* (JZ), Tübingen, 1979, p. 617-621.

134. BAUMANN, Jürgen *et alii*. *Alternativ-Entwurf eines Strafgesetzbuches*: Besonderer Teil, 1. Halbband, Tübingen, 1970, p. 17. Ver a redação do artigo

Outro esforço de concretização da ideia de prevenção geral para a dogmática do homicídio foi levado a cabo por Albin Eser. Mesmo que se reconheça a ausência de estudos empíricos que atestem a efetividade da punição como medida preventiva, Eser acredita que a prevenção geral integra o senso comum e conta, com isso, com a plausibilidade de hipóteses do dia-a-dia (*Alltagshypothese*).[135] No caso do homicídio, essa plausibilidade se revelaria primeiro num sentido negativo, como intimidação de criminosos em potencial. O argumento aqui é também dependente da previsão de pena de prisão perpétua para o homicídio: dado que a pena tem um caráter absoluto, os criminosos em potencial seriam intimidados por uma pena que não pode ser contrabalançada com outros interesses, uma pena cuja duração máxima não se deixa calcular previamente. A isso se adiciona também a finalidade de prevenção geral positiva no sentido de integração. De forma semelhante ao argumento de Lord Devlin mencionado acima (Seção 1.1), a ideia aqui é de que a pena cumpre a função de manter a integridade, a coesão social. Há determinadas condutas particularmente danosas a essa coesão e que geram, por isso, intenso sentimento de insegurança, colocando em risco a própria existência da ordem jurídica. Os homicídios que carregam essa particular periculosidade são, para Eser, aqueles que "não resultam de uma relação particular entre autor e vítima ou que não se restringem a uma vítima determinada, assim como aqueles que – para além do homicídio – são tidos, de maneira particular, por socialmente insuportáveis, como o abuso de relações de confiança ou um proceder cruel e doloroso".[136] Essa explicação se adequa bem, por exemplo, à qualificadora do motivo fútil, em que a irrelevância

referente ao homicídio citado neste trabalho, na nota de rodapé 109, p. 84).

135. Esse argumento serve de resposta às objeções amiúde levantadas contra teorias preventivas negativas de que não teriam fundamento empírico confiável. ESER, Albin. *Empfiehlt es sich, die Straftatbestände des Mordes, des Totschlages und der Kindestötung (§§ 211 bis 213, 217 StGB) neu abzugrenzen?*, Gutachten D für den 53. Deutschen Juristentag, München: C.H.Beck'sche Verlagsbuchhandlung, 1980, p. D 166. De forma semelhante, Luís Greco afirma serem essas objeções fruto de um reducionismo cientificista e sugere, como resposta, um realismo do dia-a-dia. GRECO, Luís. *Lebendiges und Totes in Feuerbachs Straftheorie: Ein Beitrag zur gegenwärtigen strafrechtlichen Grundlagendiskussion*, Berlin: Duncker & Humblot, 2009, p. 367.

136. ESER, Albin. *Op. cit.*, p. D 167.

do motivo, sua proximidade a situações cotidianas vivenciadas por todos, transmite às demais pessoas a impressão de vulnerabilidade. Quanto às qualificadoras objetivas, ao contrário das concepções baseadas na reprovabilidade acima expostas, não importa aqui se o agente que comete um homicídio de forma insidiosa teve de fato uma atitude interna reprovável, mas se o fato, objetivamente considerado, tem o condão de despertar na sociedade particular sentimento de medo e insegurança.

Uma posição semelhante, mas orientada especificamente ao motivo torpe como uma cláusula geral que abrange todas as qualificadoras subjetivas, foi desenvolvida por Günter Heine. Heine sugere para a distinção um critério que é, em geral, semelhante ao de Köhler, exposto acima (Seção 3.2.4). À conduta do homicida corresponderia particular reprovabilidade quando fosse expressão não só de uma violação, mas de "um absoluto desprezo pela vida humana".[137] Seria esse o caso quando se mata com base em "interesses solipsistas", quando o homicídio é uma referência do homicida a si mesmo, é a expressão de uma motivação egoísta. Não estariam aí incluídos homicídios cometidos em circunstâncias de um conflito emocional particular ou em situações assemelhadas a situações justificantes. Ao contrário, nos casos em que o agente persegue interesses egoístas, há uma particular instrumentalização da vida de outrem, como no caso do homicídio cometido por cobiça ou pelo mero prazer de matar.

Mas, ao contrário de Köhler, Heine aponta também finalidades preventivas como justificadoras do critério. O solipsismo da motivação seria precisamente o fator que comunica à sociedade o sentimento de insegurança e medo, seria a circunstância do comportamento do agente que, se presente, pode ensejar a impressão "de que o fato não está limitado a uma determinada vítima, de que, em princípio, todos podem tornar-se vítimas de semelhante homicídio".[138] Mas o critério da motivação solipsista também se deixaria aplicar à finalidade de prevenção geral negativa, pois, "precisamente nos

137. Heine, Günter, *Tötung aus "niedrigen Beweggründen"*: Eine erfahrungswissenschaftlich-strafrechtsdogmatische Untersuchung zur Motivgeneralklausel bei Mord, Berlin: Duncker & Humblot, 1988, p. 213.

138. *Idem, ibidem*, p. 216.

homicídios cometidos para satisfazer necessidades 'corriqueiras', como, por exemplo, satisfação sexual ou ambição material",[139] é que se demonstra necessária a intimidação de agentes em potencial e, com isso, uma punição mais elevada.

3.3.4 Periculosidade dos motivos e plus *justificativo*

Se nos restringimos aos argumentos referentes à periculosidade, os pontos-chave que a explicam segundo os autores acima expostos são i) a necessidade de intimidação de homicídios com motivação egoísta e ii) a sensação de particular vulnerabilidade que esse tipo de motivação comunicaria a todos os cidadãos. Imaginemos um crime cometido por uma ofensa mínima, digamos, um homicídio cometido porque a vítima esbarrara no autor. Pode-se dizer que esse tipo de delito precisa ser particularmente inibido, porque esbarrões ocorrem a todo momento, ou que ele transmite a ideia de que poderia ocorrer com qualquer pessoa, afetando, com isso, o sentimento de segurança de todos. O problema central aqui é que esses argumentos não nos fornecem uma justificativa para *qualificar* o homicídio. Supõe-se, erroneamente, que a realização de "interesses solipsistas" ou de uma "motivação egoísta" carrega uma circunstância não abrangida pela justificativa para punição do homicídio. A questão que enseja este capítulo se volta para as circunstâncias que justificam a qualificação. O homicídio qualificado, se esse *nomen juris* tem de ser levado a sério, deve conter algo que o ato do homicídio por si só não carrega. O princípio da periculosidade do ato não é capaz de oferecer esse *plus* justificativo.[140]

139. Heine, Günter, *op. cit.*, p. 216.

140. De forma semelhante, Greco argumenta que não se deve postular a existência de bens jurídicos coletivos quando a agressão a esse bem é uma consequência necessária da agressão a um bem jurídico individual (teste da não especificidade). Todo furto afeta, enquanto violação ao direito, a segurança de todos, e isso não pode ser uma razão suficiente para postular o bem jurídico coletivo "segurança". Greco, Luís. Gibt es Kriterien zur Postulierung eines kollektiven Rechtsgutes?, p. 211-213. In: Heinrich, Manfred *et alii. Festschrift für Claus Roxin zum 80. Geburtstag*, Band 1, Berlin: De Gruyter, 2011, p. 199-214.

Tratemos de explicar melhor essa crítica investigando o que está por trás das intuições dos autores, buscando o raciocínio que confere plausibilidade às hipóteses do dia-a-dia evocadas por Eser. Assim como na diferenciação de índoles psicológicas de Liszt entre criminoso momentâneo e criminoso por condição, por trás da periculosidade da realização de "interesses solipsistas", da "motivação egoísta", está o grau em que o homicídio pode ser atribuído, de um lado, às circunstâncias em que se deu delito ou, de outro, à pessoa do homicida. Roubar porque se precisa de dinheiro para alimentar os filhos é socialmente menos perigoso do que um roubo cometido porque simplesmente se quer mais dinheiro, isso pela razão óbvia de que nem todos se encontram em condições financeiras difíceis; ter mais dinheiro, por outro lado, é uma possibilidade sempre aberta a quem quer que seja. O peso de um homicídio pode ser atenuado pela circunstância de que a vítima estuprara a mãe do autor ou pode ser agravado se o explicamos com maior referência à pessoa do agente, à sua liberdade ou personalidade, digamos, porque o agente queria comprar um novo smartphone e decidiu cometer um latrocínio. Falar em "interesse solipsista", em "motivação egoísta", não significa mais do que explicar a ação como produto de um sujeito, como totalmente causada por ele. É isso que subjaz à expressão de maior periculosidade do fato, pois a ação é explicada como resultado de algo incondicional, imprevisível, como resultado de uma escolha livre.

Tanto é assim que sequer é possível estabelecer uma relação necessária entre egoísmo e periculosidade, e não é à toa que os autores acima mencionados agregam argumentos baseados na reprovabilidade para explicar as diferenças de punição. Pode-se atribuir uma motivação egoísta aos náufragos que disputam a tábua de salvação, mas não há razão para que esse homicídio seja tido como perigoso no sentido acima exposto. O "caráter substituível da vítima do homicídio",[141] traço apontado por Heine como típico nas qualificadoras de ordem subjetiva, pode ser visto não só sob o ponto de vista da motivação do autor, mas, ao mesmo tempo, da ausência de qualquer justificação para o delito. Nesse sentido, os motivos repro-

141. Heine, Günter, *Tötung aus "niedrigen Beweggründen"*: Eine erfahrungswissenschaftlich-strafrechtsdogmatische Untersuchung zur Motivgeneralklausel bei Mord, Berlin: Duncker & Humblot, 1988, p. 217.

váveis seriam um forte indício de que o ato não é, de forma alguma, justificado.[142] Muitas vezes, o grau de justificação da conduta já está expresso na motivação. Se afirmo, por exemplo, que o agente cometeu o delito para conseguir dinheiro, é possível imaginar situações com diferentes níveis de justificação: porque estava sendo ameaçado de morte por um agiota, porque precisava alimentar seus filhos, para retomar um dinheiro que a vítima lhe roubara. Mas, quando se fala em cobiça, por exemplo, a própria motivação já exclui ou torna bem menos prováveis circunstâncias justificantes, pois é mais do que a mera intenção de obter bens materiais, pressupõe também que o ato seja realizado pelo simples desejo de obter vantagens materiais, por amor ao dinheiro, porque a riqueza em si desperta no agente uma particular sensação de prazer. Assim também com um homicídio cometido para satisfazer um desejo sexual, por exemplo. É bastante improvável que haja uma situação em que a mera satisfação de um desejo sexual seja considerada justificada. A qualificadora "motivo fútil" é expressão clara disso, pressupõe um homicídio cometido por uma razão que, de forma alguma, é tida por justificada.

Como isso explica que a periculosidade do ato não nos fornece um argumento para justificar a qualificação? Vimos, no tópico anterior, que os defensores da reprovabilidade partem de proibições ético-sociais e perguntam-se pela relação do autor a essas proibições, ou seja, sua culpabilidade. Essa dupla valoração se mostrou problemática, e buscamos então a alternativa da periculosidade, um argumento normativamente unificado, igualmente acessível a todos. Isso significa que a periculosidade é o mesmo critério que deve justificar *o que* deve ser punido e *quanto* se deve punir. Há, no entanto, uma relação óbvia de prioridade lógica entre essas duas questões. A pergunta "com que intensidade?", por si só considerada, não faz sentido algum, ao passo que a pergunta "que condutas devem ser apenadas?" é compreensível a todos. A primeira tarefa do pensamento preventivo em direito penal é, portanto, determinar aquilo *que é proibido*.[143] Se estamos falando

142. Peralta, José Milton. *Motivos reprochables*, Una investigación acerca de la relevancia de las motivaciones individuales para el Derecho penal liberal. Madrid: Marcial Pons, 2012, p. 199 ss.

143. Nesse sentido, a distinção de Greco entre fins da pena de primeira e segunda ordem: Greco, Luís. *Lebendiges und Totes in Feuerbachs Straftheorie:*

de um fim de prevenção geral, baseado na periculosidade do ato, como é o caso aqui, precisamos então determinar quais atos devem ser objeto de proibição. A resposta a essa pergunta, no entanto, tem de ser feita com exclusão de todos os elementos que implicam uma referência ao *grau* de periculosidade, ao nível de justificação do ato.

Como argumentamos acima, sempre que o delito não se encontra justificado por circunstâncias externas, ele é atribuído à pessoa do delinquente, a sua personalidade ou liberdade. Em outras palavras, estamos dizendo que há uma relação de *proporção inversa* entre o grau de *justificação do delito* e o grau em que o delito é *atribuído à pessoa do agente*; à medida que se levam em conta circunstâncias justificadoras, reduz-se a atribuição do delito à pessoa do agente, e vice-versa. Se, do ponto de vista objetivo, não faz sentido responder à pergunta "o que deve ser punido?" indicando já o nível de justificação do delito, o ideal de delito, *o tipo penal*, considerado do ponto de vista subjetivo, corresponde à atribuição máxima, absoluta, ou seja, à mera *vontade* de realizar o delito. Essa vontade é a *reprodução* subjetiva do delito, é a forma pura de atribuição do delito ao agente. O delito é totalmente explicado com referência ao agente: o homicídio ocorreu porque o autor quis matar, e não porque estava sob influência do estado puerperal, porque fora traído, porque queria salvar sua vida.

Em conclusão: se a proibição do homicídio se fundamenta na periculosidade, e essa proibição é feita com base em um tipo ideal – o tipo penal do homicídio doloso – em que não há circunstâncias justificantes e a realização do tipo é totalmente atribuída à pessoa do agente ("porque quis matar"), não há como justificar, com base na periculosidade do ato, uma *qualificação* do homicídio. O tipo penal do homicídio doloso já abrange, no que diz respeito aos motivos do autor, o maior grau de ilícito possível.[144]

Ein Beitrag zur gegenwärtigen strafrechtlichten Grundlagendiskussion, Berlin: Duncker & Humblot, 2009, p. 303 ss.

144. Nesse sentido, Müssig, Bernd. Mord und Totschlag: Vorüberlegungen zu einem Diffenrenzierungsansatz im Bereich des Tötungsunrechts. Berlin: Carl Heymanns Verlag, 2005, p. 249 ss. Timm, Frauke. *Gesinnung und Straftat*: Besinnung auf ein rechtsstaatliches Strafrecht. Berlin: Duncker & Humblot, 2012, p. 157 ss. Grünewald, Anette, *Grundkonzeption der Tötungsdelikte*, p. 497-498. In: Abschlussbericht der Expertengruppe zur Reform der Tötungsdelikte (§§

3.3.5 Primeira conclusão parcial: inexistência do homicídio "neutro"

O resultado do tópico anterior traz importantes consequências para uma análise *de lege ferenda* do tratamento do homicídio no direito brasileiro. O Código Penal optou pelo chamado sistema de três níveis para o homicídio doloso: há o homicídio simples como delito base, ao qual se vinculam duas modalidades menos graves, os arts. 121, § 1.º, e 123 CP, e uma modalidade mais grave, abrangendo o rol de qualificadoras do art. 121, § 2.º, CP. Isso significa que, a partir do homicídio simples como homicídio "neutro", desenvolvem-se variações nos dois sentidos, para cima e para baixo, daí se falar em sistema de três níveis.

No tópico anterior, concluímos que, do ponto de vista subjetivo, o tipo penal do homicídio doloso já abrange o maior conteúdo de ilícito possível. A tentativa de explicar uma intensificação do ilícito com base nos motivos do agente mostrou-se apenas uma referência à ausência de justificação do ato. Sob essa ótica deve ser compreendida a intuição de que um homicídio cometido pelas razões previstas nos incisos I, II e V do art. 121, § 2.º, CP, é mais grave dos que os demais. Não se trata de um homicídio qualificado, mas de um homicídio que não conta com nenhum nível de justificação.

Além disso, é importante considerar uma peculiaridade do bem protegido. A vida, diferentemente de outros bens, como propriedade ou integridade corporal, é incomensurável, representa um valor fixo: ou há vida, ou não há vida. Por consequência, não é possível uma intensificação do ilícito com base no desvalor resultado.[145] Em seu resultado, todos os homicídios são iguais. Defender o contrário significa dizer que determinadas vidas têm mais valor que outras, o que é evidentemente inaceitável.

Isso tem como consequência o fato de que os homicídios cometidos por motivos reprováveis, que excluem qualquer tipo de

211-213, 57a StGB), dem Bundesminister der Justiz und für Verbraucherschutz, Juni 2015, p. 480-514.

145. ESER, Albin. *Empfiehlt es sich, die Straftatbestände des Mordes, des Totschlages und der Kindestötung (§§ 211 bis 213, 217 StGB) neu abzugrenzen?*, Gutachten D für den 53. Deutschen Juristentag, München: C.H.Beck, 1980, D 98.

justificação do ato, tendo como tipo ideal o homicídio cometido simplesmente "para matar", já representam a imputação máxima do ilícito ao agente. Seria possível então dizer que o homicídio simples se aplica àqueles homicídios que foram cometidos com um certo grau de justificação. O problema é que esse papel já é exercido pelo art. 121, § 1.º, CP, que abrange parte dos casos de consentimento da vítima, como os casos de eutanásia, ao desagravar o homicídio impelido por motivo de relevante valor social ou moral, bem como os casos de injusta provocação da vítima.[146] O homicídio simples é esvaziado e comprimido pelos dois extremos. Sua existência supérflua e a diferença de pena dão margem a arbitrariedades. Assim, o mais adequado seria reconhecer a inexistência de um homicídio "neutro" entre qualificação e privilégio, e tomar o que se considera por qualificado como o tipo base.[147] O atual sistema implica uma inversão da relação entre delito base e qualificação.[148]

146. Poder-se-ia argumentar que o homicídio simples se aplica aos casos em que, embora haja consentimento da vítima, o homicídio não foi cometido impelido por motivo de relevante valor social ou moral. Isso, no entanto, seria uma razão uma variação de pena no interior de um tipo privilegiado do homicídio baseado no consentimento. Não faz sentido que o homicídio simples, que constitui o delito base e encabeça o capítulo dos delitos contra a vida, destine-se a esse grupo específico de casos.

147. Como explicitado desde o início, este estudo se dedica ao problema da motivação em direito penal, razão pela qual nos concentramos aqui nas qualificadoras subjetivas. No entanto, a aplicação dos argumentos expostos às qualificadoras objetivas demonstra por que a conclusão a que chegamos lhes é igualmente aplicável, pelo menos, se consideramos a atual regulação do homicídio no direito brasileiro. Uma qualificação do homicídio em razão da crueldade ou do perigo precisa lidar com a objeção do concurso, a ser exposta no tópico seguinte. Por exemplo, por que não aplicar as regras de concurso entre homicídio simples e o delito de tortura ou de lesão corporal? Quanto ao meio insidioso ou recurso que dificulte a defesa do ofendido, se poderia dizer que essa espécie de execução é mais perigosa e merece por isso maior pena, uma vez que retira da vítima a chance de defender-se. Isso não justifica, no entanto, assim como os motivos reprováveis, uma intensificação do ilícito já abrangido pelo homicídio doloso, senão variações no interior do próprio ilícito. Além disso, como argumentamos acima em relação à premeditação (Seção 3.1.1), esse tipo de execução não implica necessariamente maior periculosidade do homicídio. Para uma crítica a esse último tipo de qualificadora objetiva, Grünewald, Anette. *Das vorsätzliche Tötungsdelikt*, Tübingen: Mohr Siebeck, 2010, p. 123 ss.

148. Nesse sentido, em relação ao sistema de três níveis alemão, Saliger, Frank. "Niedrige Beweggründe" bei "grundloser Tötung"? p. 41 *Strafver-*

Além disso, segundo o atual sistema, pode-se dizer que à medida que cresce a diferença de pena entre homicídio simples e homicídio qualificado, mais se prestigiam as respectivas qualificadoras em detrimento da vida, que constitui a própria razão de ser do delito.[149] A qualificadora passa a assumir o primeiro plano, e o sentido de proteção à vida assume a função de um mero requisito necessário. No Brasil, a diferença de penas entre homicídio simples e qualificado é de seis anos, para a pena mínima, e dez anos para a pena máxima, para não mencionar a categorização como crime hediondo. Essa consideração deve servir como alerta para o que se perde com a sanha legislativa de criação de novas qualificadoras.

Feitas essas considerações, parece que não há saída para justificar uma pena mais intensa no homicídio com base em circunstâncias subjetivas. Mas uma última tentativa talvez ainda seja possível. Afirmamos que as circunstâncias subjetivas não justificam uma qualificação para além do ilícito já abrangido pelo homicídio doloso. Podemos então fazer a seguinte pergunta: é possível que, por meio de um único ato, o direito seja violado de duas formas distintas? Nesse caso, outro conteúdo de ilícito se agregaria ao conteúdo do homicídio. Se uma resposta afirmativa for possível, talvez seja possível justificar dessa maneira uma intensificação da pena.

teidiger (StV), Köln, 2003, p. 38-41. Grünewald, Anette. Grundkonzeption der Tötungsdelikte, p. 498. In: Abschlussbericht der Expertengruppe zur Reform der Tötungsdelikte (§§ 211-213, 57a StGB), dem Bundesminister der Justiz und für Verbraucherschutz, Juni 2015, p. 480-514.

149. Eser, Albin. *Empfiehlt es sich, die Straftatbestände des Mordes, des Totschlages und der Kindestötung (§§ 211 bis 213, 217 StGB) neu abzugrenzen?*, Gutachten D für den 53. Deutschen Juristentag, München: C.H.Beck, 1980, D 97. Grünewald, Anette. *Das vorsätzliche Tötungsdelikt*, Tübingen: Mohr Siebeck, 2010, p. 375. Müssig, no mesmo sentido, afirma que os defensores de uma qualificação "correm o risco de não fazer jus à relevância do ato de matar (die Tötung selbst)". Müssig, Bernd. *Mord und Totschlag: Vorüberlegungen zu einem Differenzierungsansatz im Bereich des Tötungsunrechts*, Berlin: Carl Heymanns Verlag, 2005, p. 249. A crítica se aplica igualmente ao sistema brasileiro.

3.3.6 Ato como combinação de violações simultâneas ao direito?

Se observarmos bem, as considerações dos tópicos anteriores coincidem com a afirmação de traços característicos da tradição liberal. Concluímos que, tomada sob o ponto vista subjetivo, a periculosidade do ato corresponde à mera vontade de cometer o delito, desconsiderados aí outros elementos que dizem respeito ao grau de justificação do ato. É essa mera vontade que é levada em conta para a definição das esferas de liberdade estabelecidas pelo direito de caráter liberal: "o direito é assim o conjunto das condições sob as quais o *arbítrio* de um pode ser conciliado com o *arbítrio* de outro segundo uma lei universal de liberdade"[150] (grifo nosso). O direito se destina a assegurar a convivência pacífica entre indivíduos, o que não demanda mais do que a consideração da vontade de realizar uma ação proibida; restringe-se, para usar a linguagem kantiana, à mera forma do arbítrio,[151] e não se pergunta pelos motivos ou fins que estão por trás do "querer matar" do criminoso. A minha convicção criacionista é perfeitamente compatível com a convicção evolucionista de meu vizinho; por outro lado, a minha intenção ao matar, o "querer matar" de que falávamos anteriormente, não é conciliável com a vontade do meu vizinho de permanecer vivo. É isso apenas o que interessa ao direito.

Poderíamos então, numa última alternativa, buscar uma solução dentro dos limites de uma concepção liberal. Essa alternativa consiste em pensar na hipótese de que um mesmo ato contenha mais de uma violação ao direito e sugerir uma justificação da qualificação de forma semelhante à assumida pelo Projeto Alternativo de Código Penal Alemão, acima mencionado (Seção 3.2.2). A argumentação dos autores do projeto era a de que, uma vez que o tipo de homicídio doloso já abrange o conteúdo máximo de ilícito correspondente à periclitação do bem jurídico vida, poder-se-ia justificar a qualificação com referência a outro bem jurídico. Além da vida, o ato implicaria uma agressão ou perigo para outro bem jurídico passível de proteção

150. KANT, Immanuel. Metaphysik der Sitten (1797), p. 230. In: *Kants gesammelte Schriften*, Band VI, Berlin, hg. von der Königlich Preußischen Akademie der Wissenschaften, 1907, p. 203-495.

151. *Idem, ibidem*, p. 230.

penal.[152] Assim como o roubo implica uma intensificação do conteúdo de ilícito em relação ao furto e constrangimento ilegal, também o homicídio, se se lhe agregam determinadas circunstâncias, poderia, dessa forma, ter sua qualificação justificada. Por exemplo, a qualificação do homicídio cometido com emprego de meio cruel (art. 121, § 2.º, III) seria justificada pela agressão simultânea dos bens vida e integridade corporal. De forma semelhante, poder-se-ia justificar a qualificadora com base no meio de que resulta perigo comum (art. 121, § 2.º, III). Se isso for possível, trata-se então de estender esse raciocínio à qualificação pelos motivos: é possível que um homicídio, devido à motivação nele expressa, implique mais de uma violação ao direito penal?

Em primeiro lugar, essa saída só é possível se for capaz de responder à seguinte objeção: uma vez que se trata de mais de uma violação simultânea ao direito penal, há uma figura de parte geral, com regras próprias, destinada a tratar desses casos, o concurso de crimes. Assim, a saída dogmaticamente mais adequada seria não a da qualificação do homicídio, mas a aplicação das regras do concurso.[153] Se um homicídio é cometido mediante tortura, há a incidência simultânea do delito de homicídio simples e o crime de tortura (art. 1.º, Lei 9.455); se é cometido com uso explosivo, concorrem homicídio simples e explosão (art. 251, CP). Como argumentamos no início desta investigação, não é suficiente, para que se justifique o incremento de pena, a mera referência ao direito positivo, a mera existência de uma qualificadora prevendo a diferença de punição (cf. Seção 1.2). É necessário que se justifique o tratamento diferente para esses casos, quando, em todos demais, são aplicadas as regras de concurso. Não

152. Além dos já mencionados comentários ao Projeto Alternativo de Código Penal Alemão, argumentam de forma semelhante, quase sempre em comentário à qualificadora "*grausam*" ("com crueldade"): Schmidhäuser, Eberhard. *Strafrecht Allgemeiner Teil*, 2. ed., Tübingen: J. C. B. Mohr, 1975, p. 244; Kargl, Walter, Zum Grundtatbestand der Tötungsdelikte, p. 1145. *Juristenzeitung* (JZ), Tübingen, 2003, p. 1141-1149. Schneider, Harmut. § 211, p. 541. In: Joecks, Wolfgang; Miebach, Klaus (Hrsg.). *Münchner Kommentar zum Strafgesetzbuch*, 2. ed., München: C. H. Beck, 2012, p. 467-635. Rüping, Hinrich, Zur Problematik des Mordtatbestandes, p. 620. *Juristenzeitung* (JZ), Tübingen, 1979, p. 617-621.

153. Grünewald, Anette. *Das vorsätzliche Tötungsdelikt*, Tübingen: Mohr Siebeck, 2010, p. 172 ss.

nos preocuparemos agora em explicar se essa objeção é conclusiva ou se há casos em que a qualificação de fato se justifica. Deixemos aqui a objeção apenas a título de prova para uma solução adequada, a qual denominaremos *prova do concurso de crimes*.

Se pensarmos então nas qualificadoras subjetivas, o problema se torna ainda mais agudo, pois a dificuldade aqui se encontra num estágio anterior, na própria determinação da violação que o ato encerraria, além da evidente violação ao bem ou direito vida. Poderíamos, por exemplo, recorrer aos argumentos de Eser e Heine para uma consideração dos motivos e falar na produção de um perigo abstrato. O homicídio cometido por motivo torpe violaria, ao mesmo tempo, a segurança de todos. A pergunta, nesse caso, é se há razões para postular um tal direito ou bem jurídico coletivo. Podemos pensar, por exemplo, num ato de terrorismo: o que intensificaria o conteúdo de ilícito desse ato seria, além das possíveis violações à vida, integridade corporal, propriedade etc., o profundo abalo à segurança da população. Trata-se então de perguntar se e em que medida o sentimento de segurança pode ser objeto de proteção do direito penal, e basta trazer à memória, por exemplo, os programas policiais, que ganham seus pontos de audiência com o bárbaro espetáculo diário de crimes no Brasil, para perceber que a resposta não é tão simples assim. Uma restrição, pelo menos, pode ser extraída da conclusão obtida na seção anterior: a *razão* para que a motivação encerre um conteúdo próprio de ilícito não pode ser a *ausência de justificação do ato*. A intenção que caracteriza o ato de terrorismo não merece censura simplesmente porque não há nada que o justifique. O caso recente, por exemplo, do copiloto suicida, que teria se trancado no cockpit e lançado intencionalmente a aeronave contra os Alpes,[154] transmite sem dúvida uma sensação de insegurança à população; não tem, no entanto, o mesmo significado de um ato de terrorismo. Num atentado terrorista, o avião lançado sobre as torres do World Trade Center, não se pode creditar o nível da censura apenas à ausência de justificação: há um elemento que o diferencia do caso do copiloto, embora ambos se aproximem

154. Copiloto da Germanwings ensaiou queda no voo de ida, diz relatório. *Folha de S.Paulo*, 6 de maio de 2015, Disponível em: <http://www1.folha.uol.com.br/mundo/2015/05/1625305-copiloto-da-germanwings-ensaiou-suicidio-no-voo-de-ida-afirma-jornal.shtml> Acesso: 05.03.2106.

se considerados apenas externamente.[155] Por outro lado, o conteúdo de ilícito, no primeiro caso, levando-se em conta apenas a motivação do agente, deixa-se explicar pela completa ausência de justificação ou de uma justificação aceitável para um ato dessa gravidade. Está, conforme argumentamos, já abrangido pela censura prevista no tipo penal de homicídio doloso. Com isso, chegamos a mais um requisito para uma solução adequada: o conteúdo de ilícito não pode ser traduzido exclusivamente em termos de ausência de justificação. Chamemos essa exigência de *prova da ausência de justificação*.

Por fim, há uma terceira possível objeção. A alternativa ora analisada é a de uma dupla violação ao direito por meio de um mesmo ato. No caso de uma qualificação baseada em circunstâncias subjetivas, o conteúdo de ilícito adicional à violação da vida se baseia em meros pensamentos, desejos, intenções, em suma, em meras circunstâncias do mundo interno do autor. A mera motivação caracterizaria uma violação ao direito. A ideia de que isso seja possível é, em geral, encarada com ceticismo, sendo particularmente problemática para autores de tradição liberal. Sua exposição e análise exige, no entanto, maior aprofundamento. Para tanto, necessitaremos abrir um novo capítulo, que diz respeito à legitimidade da atitude interna dentro da tradição liberal. Ao fim da análise, teremos finalmente os subsídios necessários para responder a pergunta que encabeça este tópico.

155. Sobre a razão da peculiar censura moral ou jurídica no terrorismo: Teixeira, Adriano. Was ist Böse am Terrorismus, p. 60-69. *Zeitschrift für Rechtsphilosophie*, v. 2, p. 57-76, 2013. Teixeira defende que a particularidade do terrorismo está na vinculação de duas ou mais violações simultâneas ao direito, em sua estrutura dupla, em que há uma vítima mediata e outra imediata. A agressão mediata seria a de uma ameaça realizada intencional ou, pelo menos, dolosamente. Haveria casos também em que o terrorismo se caracteriza por um constrangimento moral. *Idem, ibidem*, p. 65 ss. Sustentando a possibilidade de uma dupla violação a bens jurídicos nos crimes com motivação política: Schünemann, Bernd. Politisch motivierte Kriminalität, p. 60-61. In: Boor, W. de. (Hrsg.). *Politisch motivierte Kriminalität – echte Kriminalität?*, Basel u.a.: Krager, 1978, p. 49-116.

4

A CRÍTICA LIBERAL À VALORAÇÃO DOS MOTIVOS

Concluímos, assim, a apresentação geral da discussão sobre as razões de qualificação do homicídio com base em princípios norteadores. Restou em aberto a possibilidade de que a qualificação se justifique com a ocorrência simultânea de mais de uma violação ao direito. Concentremo-nos agora em um problema específico que atinge particularmente a discussão sobre o homicídio qualificado, o problema da compatibilização da consideração dos motivos com um direito penal de tradição liberal. Se a discussão exposta no tópico anterior se referia antes à justificação necessária para um agravamento da punição, esta parte se volta para os fins últimos da pena, os fins de primeira ordem ou, como se costuma chamar tradicionalmente, para o conceito material de delito.[1] Aqui interessa a pergunta sobre o que pode ser objeto de consideração legítima do direito penal. Trata-se de saber se considerar a motivação ultrapassa os limites protetivos

1. Sobre a distinção entre fins da pena de primeira e segunda ordem: Greco, Luís. *Lebendiges und Totes in Feuerbachs Straftheorie*: Ein Beitrag zur gegenwärtigen strafrechtlichten Grundlagendiskussion, Berlin: Duncker & Humblot, 2009, p. 303 ss.

de um conceito liberal de delito ou se, de alguma forma, pode lhe ser compatível.

4.1 A posição liberal e a formulação do argumento

Em simplificada descrição da posição liberal, sobretudo naquilo que nos interessa aqui, podemos dizer que se trata de uma forma de conceber a relação entre indivíduos e Estado, de modo que a legitimidade deste último seja dependente do respeito e garantia à liberdade daqueles: "para compreender adequadamente o poder político e derivá-lo de suas origens, devemos considerar em que estado os homens estão naturalmente, e isso quer dizer, um estado de perfeita liberdade para orientar suas ações e dispor de suas posses e pessoas como julgarem apropriado".[2] O homem deixa de ser visto como um *zoon politikon*, e a pergunta, antes circunscrita à justiça ou injustiça do Estado, cuja existência era tida por natural, assume uma dimensão mais radical: como um Estado legitima sua própria existência. Com isso, a condição pela qual o Estado se legitima restringe, ao mesmo tempo, sua própria atividade: "o único propósito segundo o qual o poder pode ser legitimamente (*rightfully*) exercido sobre qualquer membro de uma comunidade civilizada contra a sua vontade é para evitar dano a outros".[3] Põe-se o indivíduo livre em primeiro plano, protegido por barreiras impenetráveis à atividade do Estado.

Uma das maneiras mais características de formular essa relação entre Estado e indivíduos é reconhecer, por meio de uma clara linha divisória, o divórcio entre direito e moral ou, para colocar o problema em termos mais precisos, separar aquilo que pode ser objeto legítimo de regulação jurídica daquilo que é próprio da regulação moral.[4] A mais célebre e citada formulação dessa distinção deriva de Kant, na introdução à metafísica dos costumes, com sua distinção entre

2. Locke, John. *Two Treatises of Government*, Cambridge: Cambridge University Press, 2014, p. 269.

3. Mill, John Stuart, On Liberty, p. 94. In: Warnock, Mary. *Utilitarianism and On Liberty*, 2. ed. Padstow: Blackwell Publishing, 2003, p. 88-180.

4. Para as diversas possíveis relações entre direito e moral: Pfordten, Dietmar von der. *Rechtsethik*, 2. ed.n, München: C. H. Beck, 2011, p. 63 ss. Hart, Herbert L. A., *Law, Liberty and Morality*, Oxford/New York: Oxford University Press, 1963, p. 1-4.

legalidade e moralidade. Legalidade seria "a mera conformidade ou desconformidade de uma ação em relação a uma lei, sem considerar o móbil [Triebfeder] daquela (...)", ao passo que a moralidade implicaria que "a ideia de dever baseada na lei seja, ao mesmo tempo, o móbil da ação (...)".[5] "Os deveres segundo a legislação jurídica só podem ser externos (...). A legislação ética, por outro lado, faz também de ações internas deveres, mas não de forma a excluir os externos, senão que diz respeito a tudo que é dever em geral".[6] O que precisamente Kant quis dizer com essa distinção e todas as consequências que daí se podem deduzir é objeto de intenso debate na literatura secundária, de modo que não entraremos nesse mérito.[7]

Quanto ao tema aqui investigado, a valoração dos motivos no direito penal, há autores que se referem diretamente à tradição liberal e, precisamente, a essa distinção kantiana para negar legiti-

5. KANT, Immanuel. Metaphysik der Sitten (1797), p. 219. In: *Kants gesammelte Schriften*, Band VI, Berlin, hg. von der Königlich Preußischen Akademie der Wissenschaften, 1907, p. 203-495.

6. *Idem, ibidem*, p. 219.

7. O principal ponto de divergência está entre interpretações restritivas, que consideram a motivação do agente como completamente alheia ao direito, e uma interpretação mais abrangente, que restringe a exigência de exterioridade apenas à conformidade da ação com a lei, sendo possível uma consideração de elementos internos em casos de desconformidade externa. Para a primeira interpretação: TRAPP, Mandred. Naturrecht, Wertordnung, Vernunft: Über einige Probleme beim Verständnis der Menschenrechte, p. 171. *Archiv für Rechts- und Sozialphilosophie*, 72 1986, p. 153-175. BIELEFELDT, Heiner. Strafrechtliche Gerechtigkeit als Anspruch an den endlichen Menschen: Zu Kants kritischer Begründung des Strafrechts, p. 115-116. *Goltdammers Archiv* (GA), Heidelberg *et alii*, 1990, 108-120. LUDWIG, Bernd. Kants Rechtslehre, p. 86. In: BRANDT, Reinhard; STARK, Werner (Hrsg.). *Kant Forschungen*, Band 2, Hamburg: Felix Meiner, 1988. KAULBACH, Friedrich, Moral und Recht in der Philosophie Kants, p. 45 ss. In: BLÜHDORN, Jürgen; RITTER, Joachim, *Recht und Ethik: Zum Problem ihrer Beziehung im 19.* Jahrhundert, Frankfurt am Main: Vittorio Klostermann, 1970, p. 43-58. Para a leitura mais abrangente: ENGISCH, Karl. *Auf der Suche nach der Gerechtigkeit*, München: Piper, 1971, p. 87 ss. WELZEL, Hans. Das Gesinnungsmoment im Strafrecht, p. 261. In: WELZEL, Hans. *Abhandlungen zum Strafrecht und zur Rechtsphilosophie*, Berlin: De Gruyter, 1975. SCHMIDHÄUSER, Gesinnungsethik und Gesinnungsstrafrecht, p. 90 ss. In: LACKNER, Karl (Hrsg.). *Festschrift für Wilhelm Gallas zum 70. Geburtstag*, Berlin: De Gruyter, 1973, p. 81-97. KELKER, Brigitte, *Zur Legitimität von Gesinnungsmerkmalen im Strafrecht: Eine strafrechtlich-rechtsphilosophische Untersuchung*, Frankfurt am Main: Vittorio Klostermann, 2007, p. 400 ss.

midade a qualquer valoração dos motivos por meio do direito penal. Assim é que Anette Grünewald, em sua monografia sobre o delito de homicídio, nega a compatibilidade entre um direito penal liberal e a qualificação do homicídio baseada na cláusula geral "*sonst niedrige Beweggründe*", que, como já mencionado, corresponderia ao nosso "por outro motivo torpe". Grünewald interpreta a distinção kantiana fazendo uso da terminologia externo/interno, de modo que uma intromissão por parte do direito no *forum internum* do indivíduo careceria de legitimidade. A "legalidade diz respeito, com isso, apenas à conformidade externa do comportamento com a lei, ao passo que a moralidade se orienta para o interior da pessoa";[8] a qualificação do homicídio baseada numa cláusula como a do motivo torpe seria, "enquanto mundo interno, pertencente à pessoa (do agente) e, com isso, relativo à moralidade, inacessível ao direito".[9] O foro íntimo do indivíduo seria um desses espaços de proteção absoluta, inalcançável ao direito e à coação, se se pretende um Estado cuja existência permanece legítima.

Em livro dedicado exclusivamente ao problema dos motivos para a concepção liberal de direito penal, José Milton Peralta argumenta de forma semelhante. O autor adota também os termos externo e interno e vincula-os à distinção entre direito e moral pressuposta pela posição liberal. Em crítica a uma fundamentação retributivista da valoração dos motivos, sustenta, por exemplo, que "o requisito da exterioridade constitui um limite ao poder alheio à discussão sobre os possíveis fins legítimos da pena".[10] A exterioridade seria uma exigência referida ao "princípio de reserva e ao conceito material de delito".[11] Além disso, não haveria sentido em restringir esse requisito às ações conformes ao direito. Pressuposto para a punição estatal é meramente o fato de que "ao sujeito tenha sido simplesmente possível conhecer e motivar-se conforme a norma (...)",[12] mas isso

8. Grünewald, Anette. *Das vorsätzliche Tötungsdelikt*, Tübingen: Mohr Siebeck, 2010, p. 114.

9. *Idem, ibidem*, p. 115.

10. Peralta, José Milton. *Motivos reprochables*, Una investigación acerca de la relevancia de las motivaciones individuales para el Derecho penal liberal. Madrid: Marcial Pons, 2012, p. 45.

11. *Idem, ibidem*, p. 45.

12. *Idem, ibidem*, p. 43.

não implica que se possa valorar a atitude interna do indivíduo em relação à norma.

Ambos os autores chegam, portanto, à conclusão de que a motivação de um crime, seja ela qual for, não deve ter qualquer papel na sua qualificação ou, de modo geral, na justificação da intensificação da pena. Concentremo-nos agora na formulação do argumento. Para tanto, seguiremos o seguinte método. Como já mencionado, o problema aqui diz respeito àquilo que pode ser objeto de regulação legítima do direito. Formularemos então o argumento numa modalidade mais extrema, de modo a *prima facie* excluir do direito o maior número de situações e, com isso, assegurar ao indivíduo maior proteção frente ao Estado. O argumento carecerá, evidentemente, de um certo detalhamento e, como se verá, não corresponde inteiramente à posição dos autores acima. Essa divisão da exposição em duas etapas, apresentando o argumento primeiro de uma maneira simplificada e reformulando-o a seguir, busca demonstrar com maior precisão a posição liberal quanto à valoração dos motivos e evitar uma certa confusão que a menção ao binômio externo/interno pode provocar. O método não tem, portanto, a intenção de deturpar o argumento, para que seja mais fácil refutá-lo depois, mas de permitir depurá-lo, observando quais pontos mantêm-se e quais precisam ser revistos.

4.1.1 Ações externas

Comecemos então pela ideia de ações externas como objeto exclusivo da regulação do direito. Isso implica duas coisas. Primeiro a separação estrita entre ações externas e internas (pensamentos, desejos, estabelecimento de fins) ou, de forma mais ampla, entre ações externas e circunstâncias internas (ações internas, caráter, crenças, convicções). O problema aqui consiste em precisar onde estaria o limite entre ambas, e os autores que recorrem a esses conceitos raramente buscam precisar o sentido que lhes são conferidos.[13] A

13. O próprio Kant e os dois autores mencionados no corpo do texto, Grünewald e Peralta, servem de exemplo. Para uma discussão dos possíveis conceitos de ação externa e defesa de um conceito amplo: Pfordten, Dietmar von der. Kants Rechtsbegriff, p. 33 ss. In: *Menschenwürde, Recht und Staat bei Kant: Fünf Untersuchungen*, Paderborn: Mentis, 2009, p. 27-39.

questão é bastante complicada para que possamos nos posicionar a contento aqui, mas, segundo o método proposto, ideal seria adotar um conceito restrito de ação ou circunstância externa, de modo a oferecer ao indivíduo maior espaço de liberdade. Assumimos então a distinção sugerida por Bernd Ludwig, um dos autores que rejeitam a inclusão dos motivos como objeto do direito em sua leitura que faz da distinção kantiana entre legalidade e moralidade.[14] Segundo Ludwig, ações externas são aquelas que ocorrem no tempo e no espaço, ao passo que ações internas ou circunstâncias são aquelas que se dão apenas no tempo. Assim, por exemplo, faz sentido afirmar que um homicídio foi cometido em Fortaleza às 14 horas e 23 minutos, mas não faz sentido afirmar que o marido sentiu os ciúmes que o levaram a matar sua esposa em algum lugar do espaço. De forma semelhante, o caráter e as convicções implicam uma situação interna com certo grau de duração, algo que se prolonga no tempo, mas também não faz sentido afirmar que estão em algum lugar do espaço. A convicção de que Jesus é filho de Deus não está na igreja no mesmo sentido em que está o crente que assiste à missa.

A segunda implicação é a de que é sempre ilegítimo que o direito regule ações internas, mesmo que essa valoração só se dê em caso de uma ação externa contrária ao direito; na formulação de Peralta, "não são pensamento *com* ações, mas pensamento *e* ações".[15] O ilícito não pode ser a porta de entrada para a consideração do foro íntimo do autor, essa porta permanece cerrada, mesmo que a ação externa seja contrário ao direito. Sendo rigoroso com esse pensamento, não seria possível que os motivos impliquem uma violação própria ao direito, além da violação já contida na ação externa. A saída que deixamos em aberto no tópico anterior, a da ocorrência de violações simultâneas ao direito, não seria possível, se uma das violações se baseia apenas

14. Para os conceitos de ação externa e interna: Ludwig, Bernd. Kants Rechtslehre, p. 86. In: Brandt, Reinhard; Stark, Werner (Hrsg.). *Kant Forschungen*, Band 2, Hamburg: Felix Meiner, 1988. Sobre a relação entre lei jurídica e motivação: *Idem, ibidem*, p. 95.

15. Peralta, José Milton. *Motivos reprochables*, Una investigación acerca de la relevancia de las motivaciones individuales para el Derecho penal liberal. Madrid: Marcial Pons, 2012, p. 44.

em circunstâncias subjetivas. O ingresso no campo das circunstâncias internas implicaria imediatamente o abandono da legalidade.

4.1.2 A "moralização" do direito

O passo seguinte consiste em afirmar que toda valoração de ações internas por parte do direito implica uma invasão ilegítima no campo da moralidade, significa dar uma roupagem jurídica a uma censura moral, uma ilegítima "moralização" do direito ou do apenado. Se o direito censura aquilo que é objeto exclusivo da moral, estaria se transformando num protetor da moral, e não é seu papel fazê-lo. Uma vez que censura determinados modos de ser ou pensar, estaria, ao mesmo tempo, posicionando-se sobre uma concepção de bem, estaria favorecendo um perfeccionismo moral, o que extrapola a finalidade que legitima a atividade do Estado, isto é, a de estabelecer e assegurar a convivência pacífica entre indivíduos. Numa sociedade moderna, marcada pelo pluralismo de visões de mundo, sequer seria possível chegar a um acordo sobre a concepção ética a ser implementada, sobre quais normas de moral positiva deveriam ser protegidas pelo direito.

Assim, Grünewald, aponta, como principal problemática da reprovabilidade como princípio para qualificação do homicídio, o fato de que, primeiro, "ao lado de um estrita valoração jurídica do ato (ou, respectivamente, do agente), exige-se explicitamente uma valoração ética ou ético-social".[16] E recorre também ao argumento do pluralismo: "numa sociedade moderna e pluralista, uma tal posição se mostra já problemática, porque não se podem determinar valores ético-sociais universalmente vinculantes".[17] Peralta argumenta de forma semelhante. Uma extrapolação do limite da externalidade implicaria que o sujeito, "além de evitar violar a norma, o que pode fazer por razões morais ou prudenciais, deva ter uma certa postura intelectual diante desta".[18] O argumento também vale para as teorias preventivas. A teoria da prevenção especial, por exemplo, conferiria

16. GRÜNEWALD, Anette. *Das vorsätzliche Tötungsdelikt*, Tübingen: Mohr Siebeck, 2010, p. 46.
17. *Idem, ibidem*, p. 46.
18. *Idem, ibidem*, p. 44.

à valoração dos motivos o sentido de estimular determinados estilos de vida em detrimento de outros.[19] A teoria da prevenção geral positiva traria consigo o risco mesmo de uma moralização geral, pois, "atentando bem, toda a teoria da p. g. e. [prevenção geral positiva com efeitos educativos] se baseia na ideia de censurar modos de pensar, por mais que isso seja apenas um meio para alcançar um fim legítimo".[20]

4.1.3 Síntese do argumento

Podemos resumir então o argumento nesses dois passos:

i) o objeto de regulação do direito penal deve ser exclusivamente ações externas;

ii) toda extrapolação desse limite implica uma "moralização" do direito incompatível com sua finalidade de assegurar a convivência pacífica entre indivíduos. Conclui-se que qualquer incremento de pena baseado em pensamentos, emoções, motivos, modos de vida etc. não é legítimo do ponto de vista liberal.

4.2 Reformulação do argumento

Como já aduzido, o argumento foi intencionalmente formulado de uma maneira grosseira. Trata-se agora de limar-lhe as arestas. Tal como formulado acima, o argumento padece de duas deficiências: a primeira parte carece de maior precisão, e a segunda constitui um *non sequitur*. A supressão dessas deficiências nos servirá para esclarecer de que modo a consideração de ações internas, usando o termo no sentido exposto no argumento, podem justificar um incremento da pena.

19. PERALTA, José Milton. *Motivos reprochables*, Una investigación acerca de la relevancia de las motivaciones individuales para el Derecho penal liberal. Madrid: Marcial Pons, 2012, p. 70.

20. *Idem, ibidem*, p. 111. Esse risco só seria contornado se se conferisse à pena o sentido de "fortalecimento de la norma como parte del sistema normativo". Trata-se de confirmar o valor da norma, não com base em seu conteúdo, mas com base em sua função de organização em uma sociedade democrática. Essa forma de conceber a pena seria compatível com um direito penal liberal. *Idem, ibidem*, p. 113 ss.

Quanto à primeira parte, verifica-se, numa visita rápida a textos cruciais da tradição liberal, que há exemplos que claramente contrariam uma restrição tão ampla do objeto do direito. Isso, por si só, não nos leva muito longe, mas serve, ao menos, para demonstrar que a exclusão de circunstâncias internas não pode ser justificada como a mera referência à tradição liberal ou à finalidade de garantir a convivência pacífica entre indivíduos. Stuart Mill, no ensaio *On Liberty*, afirma que, em algumas circunstâncias, a embriaguez pode ser um crime: "o embriagar-se para uma pessoa cuja embriaguez a excita a causar dano a outros é um crime contra outros".[21] Além disso, o estado de embriaguez pode ser uma razão "para que outra ofensa seja intensificada em severidade",[22] se o criminoso já havia cometido outras ofensas nesse estado. Por mais que se possa questionar aqui se o embriagar-se deve ser tido também como ação externa, encontram-se ainda outros exemplos mais claros. H. L. A. Hart, por exemplo, no já citado ensaio *Law, Liberty, and Morality*, enfrenta a objeção de Stephan de que a determinação do grau da punição depende sempre do nível de imoralidade que envolve o crime. A réplica de Hart consiste em afirmar que há uma distinção entre as perguntas "que tipo de conduta pode ser justificadamente punida?" e "quão severamente devemos punir ofensas diferentes".[23] Na resposta à segunda pergunta, isto é, no que se refere aos critérios de determinação do *quantum* da pena, defende que "devemos aceitar princípios que fazem da perversidade moral relativa de ofensores diferentes um determinante parcial da severidade da punição".[24] Para citar um último exemplo, o próprio Kant menciona uma consideração de circunstâncias internas no direito. Kant adota um princípio retributivo estrito, em que o criminoso paga com o mesmo mal que infligiu, e a determinação dessa relação de proporcionalidade entre mal infligido e mal sofrido pode levar em conta elementos internos, tanto é que a pena de morte só revelaria sua proporcionalidade em cotejo com a "perversidade interna [innere

21. MILL, John Stuart. On Liberty, p. 166. In: WARNOCK, Mary. *Utilitarianism and On Liberty*, 2. ed., Padstow: Blackwell Publishing, 2003, p. 88-180.

22. *Idem, ibidem*, p. 166.

23. HART, Herbert L. A. *Law, Liberty and Morality*, Oxford/New York: Oxford University Press, 1963, p. 36.

24. *Idem, ibidem*, p. 37.

Bösartigkeit] do criminoso".[25] A melhor pena a ser aplicada àqueles que, em bando, cometem crimes seria a pena de morte, pois seria capaz de infligir o mal proporcional à maldade interior de cada um deles. Ao contrário, fosse aplicada a pena de trabalhos forçados, por exemplo, aqueles mais dignos sofreriam mais, devido à humilhação que lhes seria imposta, ao passo que os vis seriam mais inclinados a "uma vida coberta de desonra".[26] Portanto, é a consideração do caráter dos criminosos que revela ser proporcional a pena de morte.

4.2.1 Correção da tese da exterioridade

Se nos concentramos em aspectos mais concretos da dogmática penal e da teoria do delito, torna-se mais difícil sustentar uma distinção entre direito e moral baseada num conceito tão amplo como o de ação externa. Figuras dogmáticas como dolo e culpa, erro, tentativa e vários delitos cujas elementares consistem em circunstâncias internas, como o furto e a receptação, seriam objeto ilegítimo de regulação jurídica. Nesse ponto, mesmo os autores acima mencionados, embora em vários momentos adotem a terminologia externo/interno, formulam a restrição em outros termos. Grünewald, ao enfrentar o tema da gradação do ilícito com base nas modalidades de dolo, reconhece que "aqui a postura interna do agente é, em determinada porção, incluída na valoração (...)",[27] mas justifica essa inclusão no fato de que "se trata, na verdade, apenas de uma tomada de posição rigorosamente vinculada ao direito (mais precisamente: à negação do direito)",[28] de "um recorte bastante determinado, delineado e mínimo do mundo interior do agente, um recorte que diz respeito exclusiva e imediatamente ao direito".[29] Também Peralta, em termos semelhantes, abre exceções a uma exterioridade estrita: "Um direito penal de ato só pode ter em conta questões internas à medida que

25. KANT, Immanuel. Metaphysik der Sitten (1797), p. 333. In: *Kants gesammelte Schriften*, Band VI, Berlin, hg. von der Königlich Preußischen Akademie der Wissenschaften, 1907, p. 203-495.

26. *Idem, ibidem*, p. 334.

27. GRÜNEWALD, Anette. *Das vorsätzliche Tötungsdelikt*, Tübingen: Mohr Siebeck, 2010, p. 155.

28. GRÜNEWALD, Anette. *Das vorsätzliche Tötungsdelikt*, Tübingen: Mohr Siebeck, 2010, p. 156.

29. *Idem, ibidem*, p. 156.

sirvam para a imputação da situação objetiva que se quer evitar. (...) O fato de que existe uma conduta ou manifestação individual externa não permite perguntar sobre qualquer elemento interno, mas somente sobre aqueles que sejam relevantes para poder imputar ao sujeito a conduta."[30]

Isso nos obriga então a reformular a primeira parte do argumento. É preciso notar, no entanto, que não se trata de reconhecer uma mera exceção à regra. Se partimos do pressuposto de que é necessário estabelecer uma linha divisória clara entre direito e moral, não faz sentido recorrermos à lógica regra/exceção. No entanto, se continua fazendo sentido falar em exceções à regra de que o direito diz respeito exclusivamente a ações externas, é porque o critério, em última análise, não está na exterioridade das ações. A distinção interno/externo deixa de ter o caráter decisivo que tinha antes. Nos trechos acima citados, soluciona-se o problema referindo-se a uma imediata negação do direito por parte do elemento interno, no caso de Grünewald, ou a sua importância para imputação da conduta ao sujeito, no caso de Peralta. Os autores não fornecem uma definição precisa do que entendem por "negação do direito" ou "elemento necessário à imputação da conduta ao sujeito", mas o provável é que estejam falando da mesma coisa. Grünewald afirma que "a valoração jurídica só pode dizer respeito ao regramento de esferas externas de liberdade das pessoas";[31] portanto, é provável que o "recorte determinado, delineado e mínimo do mundo interior do agente", exigido por Grünewald, seja aquele que se apresenta como condição para imputação de condutas que ingressam na esfera de liberdade de outros. No entanto, como é difícil saber quando a consideração de circunstâncias internas deixa de ser "determinada, delineada e mínima", assumiremos o critério de Peralta, devido a sua maior precisão e clareza.

Com isso, a primeira parte do argumento também deve ser precisada em sua segunda implicação. Substituímos a tese da exterioridade pelo seguinte critério: a consideração jurídica de circunstâncias

30. Peralta, José Milton. *Motivos reprochables*, Una investigación acerca de la relevancia de las motivaciones individuales para el Derecho penal liberal. Madrid: Marcial Pons, 2012, p. 173.

31. Grünewald, Anette. *Op. cit.*, p. 155.

internas só é legítima, se é necessária para que se impute a conduta externa ao sujeito como ilícito. É certo que, num ponto, os dois critérios são convergentes, uma valoração de circunstâncias *meramente* internas continua sendo ilegítima, porque não há uma conduta externa que permita a consideração de circunstâncias internas. Não se pode punir ninguém por achar que não houve o Holocausto ou por acreditar em Iemanjá, pois não há conduta externa a ser imputada. Entretanto, desde que obedecidos os critérios acima, uma circunstância externa, a morte de alguém, por exemplo, passa a permitir que se pergunte sobre elementos internos, o dolo do possível agente, sem o que aquela primeira circunstância externa não constitui um ilícito. A distinção ação externa e circunstância interna mantém seu caráter decisivo apenas nesse ponto.

4.2.2 A neutralidade moral do direito

A segunda parte afirmava que toda consideração de ações internas significava uma "moralização" do direito e uma extrapolação de sua finalidade de assegurar a convivência pacífica entre indivíduos. Do que expusemos acima sobre uma distinção entre direito e moral baseada no binômio externo/interno pode-se já compreender por que se trata de um *non sequitur*. Há elementos internos que se referem diretamente ao direito e que são necessários para imputar ao sujeito determinada conduta, de modo que são compatíveis com sua finalidade e não implicam uma "moralização" do direito, uma afirmação de uma concepção de bem específica ou um esforço de "melhoramento" do indivíduo apenado.

Para tornar mais claro o ponto do argumento que demanda reforma, recorramos rapidamente à ideia de um liberalismo político defendida por John Rawls. A ideia aqui consiste em que uma concepção de justiça a ser aplicada às instituições básicas de uma sociedade, para que seja capaz de proporcionar-lhe unidade social e estabilidade, precisa se referir apenas a valores políticos, e não a concepções filosóficas, religiosas e morais abrangentes. Assim, embora uma concepção política de justiça deva convergir em diversos pontos com o conteúdo dessas visões, ela não se justifica com referência a nenhuma delas, tampouco busca afirmá-las e promovê-las através da autoridade e do poder coercitivo do Estado.[32] Assumir integralmente o argumento de Rawls, contudo, implicaria ter de expor uma série de conceitos desenvolvidos pelo autor, tais como "concepção política de justiça", "concepções abrangentes", "razoabilidade". Aqui nos restringiremos então a traçar uma diretriz metodológica: devem-se priorizar argumentos com o menor comprometimento a algo que pode ser tido como uma concepção particular de bem. Por exemplo, se se argumenta contra o aborto de fetos anencéfalos, merecem prioridade, do ponto de vista de um liberalismo político, argumentos como "abrir mais uma exceção aumentará os casos de abortos de fetos saudáveis", em vez de um argumento como "a vida humana surge com a fecundação". Isso porque, no primeiro caso, pode-se basear o argumento no simples fato de que a lei proíbe o aborto de fetos saudáveis, ao passo que é mais difícil explicar que a vida surge com a fecundação sem recorrer a concepções particulares de bem, digamos, a correspondente a uma determinada religião.

Uma diferença na, chamemos assim, "qualidade liberal do argumento" é bastante perceptível se comparamos os argumentos para consideração dos motivos de Schmidhäuser e Köhler. Como visto (Seção 2.2.1), Schmidhäuser concebe a culpabilidade como comportamento espiritual moralmente reprovável. Essa reprovação pressupõe já uma valoração ético-social do ilícito e, com isso, uma afirmação de uma concepção de bem particular pelo direito, por mais que o direito só se ocupe daquilo que é suscetível de realização universal, conforme defendido por Schmidhäuser. Para perceber o caráter não liberal dessa posição, basta ver que a proibição de condutas como o homossexualismo ou profissão de uma determinada crença podem compor reivindicações ético-sociais de uma comunidade e são perfeitamente passíveis de realização universal. Por outro lado, a posição de Köhler vincula o grau de culpabilidade e, com isso, a consideração dos motivos a dois elementos internos,[33] a premeditação e o grau de generalidade da máxima contida na motivação do sujeito. Ambos

32. RAWLS, John. *Political Liberalism*. Expanded Edition, New York: Columbia University Press, 2005, p. 134-140.

33. KÖHLER, Michael. *Zur Abgrenzung des Mordes erörtert am Mordmerkmal "Verdeckungsabsicht"*, p. 137. *Goltdammers Archiv* (GA), Heidelberg *et alii*, 1980, p. 121-141.

são diretamente referidos ao direito ou, de forma mais precisa, a sua negação imputável a quem lhe deu causa. Se a premeditação diz respeito exclusivamente ao conhecimento da validade da norma pelo sujeito, à reflexão sobre a norma na sua situação concreta, e se o grau de generalidade da máxima diz respeito à negação do direito "como direito", como veículo de pretensões de universalidade, a consideração desses elementos internos não se justifica com referência a uma afirmação de uma concepção particular de bem.

Assim, além da exigência de que a valoração de circunstâncias internas só possa se dar para imputar ao agente uma conduta externa, é necessário também que essa valoração se faça com base em boas razões, ou seja, que sejam sempre priorizados argumentos dotados de maior neutralidade moral.

4.2.3 Síntese do argumento reformulado

Em resumo, o argumento reformulado passa ser o seguinte:

i) a consideração jurídica de circunstâncias internas só é legítima, *se há uma circunstância externa que depende da circunstância interna para sua imputação ao sujeito como ilícito*;

ii) ao justificar essa consideração de circunstâncias internas, devem-se *priorizar argumentos com o menor comprometimento a algo que possa ser tido como uma concepção particular de bem.*

4.3 Segunda conclusão parcial: resumo dos requisitos para uma justificação adequada

Adicionando ao argumento reformulado as conclusões obtidas do tópico anterior, dispomos de uma série de condições para que uma solução da consideração dos motivos e, com isso, do feminicídio como qualificadora subjetiva mostre-se adequada e compatível com um direito penal de tradição liberal. Façamos então uma breve síntese desses requisitos, conferindo a cada um deles uma denominação, a fim de facilitar a exposição quando precisarmos mencioná-los novamente no tópico seguinte.

Assim, uma solução para justificar uma qualificadora subjetiva do homicídio tem de:

i) subsistir à *prova do concurso de crimes*, isto é, tem de ser capaz de explicar por que não são aplicadas as regras de concurso de crimes, visto que se trataria de mais de uma violação ao direito por meio de um mesmo ato;

ii) subsistir à *prova da ausência de justificação*, isto é, o conteúdo de ilícito realizado por meio da circunstância subjetiva não pode ser traduzido exclusivamente em termos de ausência de justificação;

iii) satisfazer a *exigência de imputação*, ou seja, sua consideração tem de ser necessária para imputar ao agente uma conduta externa como ilícito;

iv) priorizar argumentos de maior *"qualidade liberal"*, ou seja, favorecer argumentos com menor referência a concepções particulares de bem.

5

JUSTIFICAÇÃO PARA UMA QUALIFICADORA DE ORDEM SUBJETIVA

Finalmente, estamos em condições de apresentar um caminho próprio no sentido de justificar uma qualificação subjetiva. Com base na orientação conferida pelos requisitos obtidos na investigação acima, buscaremos traçar um caminho em que circunstâncias internas – mais precisamente, um tipo específico de dolo – podem ser consideradas objeto legítimo de valoração jurídico-penal. Como se verá, esse elemento interno diz respeito à razão por que, dentre outros casos, o feminicídio, em sua modalidade subjetiva, pode ser considerado como uma qualificação do homicídio.

5.1 Um dever liberal de reconhecimento

A fim de tornar a exposição mais clara, comecemos por aquilo que a tese proposta *não* pretende ser. Quando inserimos "reconhecimento" no título deste tópico, não estamos nos referindo à ideia de reconhecimento associada a Fichte e, sobretudo, a Hegel, que, no direito penal, ressurge em autores como Jakobs e Köhler. A pergunta sobre a constituição ontológica da subjetividade, que esses autores respondem com uma subjetividade historicamente situada, com o reconhecimento de si por meio do reconhecimento do outro, não precisa nem poderia ser respondida aqui.[1] Na verdade, assumir essa ideia facilitaria uma justificação das qualificadoras subjetivas. Como vimos (Seção 3.2.4), Köhler e Kelker não veem problemas em considerar a atitude interna como medida para intensificar a culpabilidade e, consequentemente, a pena. Como argumentamos (Seção 3.2.5), essa concepção de reprovabilidade ético-social é insuficiente, pois carrega em si uma antinomia insolúvel. A rigor, sequer faria sentido, segundo tais concepções, falar em *dever* de reconhecimento, que, como se verá, constitui o ponto de partida da solução proposta.

Em segundo lugar, defenderemos a seguir que a discriminação carrega um conteúdo próprio de ilícito. Esse caráter de ilícito, no entanto, não tem a ver com uma distinção valorativa entre dolo e culpa, nem se fundamenta na ideia de que o dolo é em geral apenado com maior rigor do que culpa. Como defendemos anteriormente (Seção 3.3.4), a pergunta "o que deve ser proibido?" tem precedência em relação à pergunta sobre o grau de periculosidade e deve ser respondida excluindo todas as referências ao grau de justificação do ato. O tipo ideal do delito doloso é aquele dirigido simplesmente à realização dos elementos objetivos do tipo ("querer matar outra pessoa", no caso do homicídio). Essa ideia de um tipo ideal parte do delito como integralmente atribuído à pessoa do agente ("o agente matou porque simplesmente quis matar"). Justificar o conteúdo de ilícito da discriminação com a mera referência ao dolo do agente seria inconsequente com a concepção liberal defendida aqui. Se a discriminação possui um conteúdo próprio de ilícito, isso pressupõe um *plus* justificativo para além da justificação do respectivo delito.

A pergunta, então, é "por que a discriminação deve ser proibida?". Tomemos em consideração, para responder a essa pergunta, a relação própria das teorias liberais entre direito e convivência pacífica. O direito busca estabelecer as condições de convivência pacífica assegurando aos indivíduos o maior grau de liberdade externa possível.

1. Sobre a necessidade de diferenciar as perguntas sobre a constituição ontológica da pessoa e a defesa de determinada posição político-teórica, com a correspondente distinção entre diferentes conceitos de pessoa, ver FORST, Rainer. *Kontexte der Gerechtigkeit: Politische Philosophie jenseits von Liberalismus und Kommunitarismus*, Frankfurt am Main: Suhrkamp, 1996, p. 22-23, 35 ss.

Direito é o uso regrado da coação em favor da liberdade individual. Isso significa, em primeiro lugar, que a intervenção na esfera de liberdade de outras pessoas é uma agressão ao direito. Esse *neminem laedere*, o dever jurídico de não violar o direito de outros cidadãos, dispensa maior discussão. O aspecto para que se quer chamar atenção aqui se situa em um segundo nível. Se o direito tem por fim assegurar a convivência pacífica estabelecendo esferas de liberdade, o próprio reconhecimento ou não reconhecimento dessas esferas de liberdade pode ter implicações para a minha liberdade.

Pergunta-se então: *o reconhecimento da existência de relações jurídicas entre conviventes deve ser visto como um dever jurídico?* Uma primeira resposta, que podemos denominar aqui de hobbesiana, seria a de que a existência de relações jurídicas responde a razões de prudência. Uma vez existentes as relações jurídicas, surgem os deveres de não-agressão para os cidadãos uns em relação aos outros; um dever jurídico de reconhecimento das próprias relações, todavia, não existe. A atribuição recíproca de direitos e deveres tem, como fundamento, um acordo, cuja razão de ser responde a considerações exclusivamente instrumentais.[2] A segunda resposta seria a que podemos denominar de kantiana. Essa posição parte da ideia de que a própria existência de um estado não regulado pelo direito é, por si só, uma violência, uma agressão ao direito. Se a violação ao direito de

2. Não nos é desconhecida a discussão na literatura secundária sobre o tipo de vinculação das leis naturais em Hobbes, dentre eles a primeira lei, que prescreve a realização de um contrato para formação de um Estado, caso haja esperança de alcançar a paz. Trata-se aqui apenas de caracterizar uma posição quanto à inexistência de um tal dever, normalmente associada a Hobbes, sem que seja nossa intenção entrar nesse debate ou avançar qualquer tese exegética. Aqui, deve bastar a menção de que não é difícil encontrar, nos textos de Hobbes, passagens que dão clara margem a essa denominação. Por exemplo, a famosa metáfora já na introdução ao Leviatã: "For by art ist created that great Leviathan called a Commonwealth, or State, in Latin Civitas, which is but an artificial man; though of greater stature and strength than the natural, for whose protection and defense it was intended." HOBBES, Thomas. *Leviathan*: or the Matter, Form, and Power of a Commonwealth Ecclesiastical and Civil, p. IX, p. 117. In: BART, Sir William Molesworth. The English Works of Thomas Hobbes, Vol. III, London: John Bohn, 1839. Sua conhecida descrição do vigente estado de natureza entre Estados é mais um exemplo. Sobre discussão quanto ao o tipo de vinculação das leis naturais, ver HÜNNIG, Dieter. *Freiheit und Herrschaft in der Rechtsphilosophie des Thomas Hobbes*. Berlin: Duncker & Humblot, 1998, p. 133 ss.

outrem é uma agressão ao direito, o não reconhecimento do próprio direito dos agredidos, a sua condição de sujeito de direitos, é *a fortiori* uma violência.[3]

A tese aqui defendida recorre a essa segunda resposta. O reconhecimento da existência de relações jurídicas entre conviventes é um dever jurídico passível de violação. Uma dedução desse dever desde uma teoria político-filosófica seria um empreendimento demasiado pretensioso. Podemos, no entanto, de forma mais modesta, tomar essa ideia como *hipótese* de trabalho e reforçar-lhe a *plausibilidade* recorrendo a duas considerações. A primeira é de natureza *histórico-filosófica*; a segunda, de natureza *dogmático-coerentista*.

A primeira consideração, de natureza histórico-filosófica, é de que há razões para não desqualificar apressadamente como "iliberal" ou "moralizante" a ideia de um dever jurídico de reconhecimento tal como defendido aqui ou, dito de outra forma, que esse dever é compatível com uma concepção liberal de direito. A crítica seria a de que o reconhecimento não pode ser um dever jurídico, pois pressupõe também uma consideração de elementos internos. O direito de pensar diferente, poder-se-ia dizer, abrange o direito de não reconhecer o outro como sujeito de direito, e uma punição com base no não reconhecimento seria uma invasão ilegítima da moral no campo do direito. Que essa crítica é apressada e seu ponto de partida, a distinção entre legalidade e moralidade, demanda maior escrutínio foi objeto de análise no capítulo anterior. Mais uma razão para maior cautela – e em direta referência ao ponto que nos interessa, o dever de reconhecimento – é o fato de Kant, responsável pela mais célebre formulação da distinção entre moralidade e legalidade, bem como um dos autores mais referidos para se justificar a restrição do direito a ações externas, não demonstrar qualquer embaraço em reconhecer explicitamente um *dever jurídico* de entrar um estado regulado pelo direito e atribuir-lhe um *elemento constitutivo interno*.

3. Para uma comparação da ideia de direito em Hobbes e Kant, ver TUSCHLING, Burkhard. Die Idee des Rechts: Hobbes und Kant, p. 85-117. In: Hüning, Dieter; TUSCHLING, Burkhard. *Recht, Staat und Völkerrecht bei Immanuel Kant*. Berlin: Duncker & Humblot, 1998. Inclusive, referindo-se à constituição de uma comunidade em Kant como um "dever em si mesmo" (p. 100).

Em sua classificação geral dos deveres jurídicos na Metafísica dos costumes, lê-se: "entre em um estado no qual cada um possa assegurar o que é seu contra todos os outros".[4] Logo a seguir, afirma que esse dever contém a dedução de um dever externo a partir de um dever interno por subsunção. No § 42, que trata da passagem do estado de natureza para o estado civil, fala-se em um postulado do direito público: "tu deves, no contexto de uma convivência inevitável, passar deste, em conjunto com os demais, para um estado jurídico, ou seja, o de uma justiça distributiva". Esse postulado seria resultado analítico do próprio conceito de direito "em oposição ao de violência (*violentia*)". Ao fim do parágrafo, menciona ainda que os homens "cometem, em geral, ilícito em maior grau quando querem estar e permanecer num estado que não é jurídico, isto é, no qual ninguém pode assegurar o seu contra a violência".[5]

Esse trecho é mais um exemplo, dentre os já citados nesse trabalho (Seção 4.2), de que os textos da tradição liberal recomendam mais cautela antes de banir indistintamente todos os elementos internos do terreno da legalidade. Além disso, a hipótese de que partimos, a de que o reconhecimento como sujeito de direito entre conviventes é um dever jurídico, ganha, se não uma dedução, pelo menos um amparo na tradição liberal.

A segunda consideração que confere maior plausibilidade à hipótese – e aqui talvez se possa falar até mesmo em fundamentação[6] – é de natureza dogmático-coerentista. Como se verá a seguir, a hipótese em questão serve de ponto de partida para explicar o conteúdo de ilícito da discriminação. A explicação que se logra com ela é capaz de confirmar algumas de nossas intuições quanto à discriminação, estabelecer limites claros entre discriminação e liberdade de pensamento e expressão, responder aos requisitos elencados acima para uma qualificação e oferecer um critério para distinguir uma

4. Kant, Immanuel. Metaphysik der Sitten (1797), p. 237. In: *Kants gesammelte Schriften*, Band VI, Berlin, hg. von der Königlich Preußischen Akademie der Wissenschaften, 1907, p. 203-495.

5. *Idem, ibidem*, p. 307.

6. Para uma metaética coerentista, ver Nida-Rümelin, Julian. *Philosophie und Lebensform*, Frankfurt am Main: Suhrkamp, 2009, p. 194-221. Pfordten, Dietmar von der. *Normative Ethik*, Berlin: De Gruyer, 2010, p. 245 ss.

motivação discriminatória da mera ausência de justificação. Além disso, o ilícito de discriminação, tal como defendido aqui, inclusive tendo como ponto de partida a ideia de reconhecimento, revela uma estrutura semelhante à estrutura dos delitos de apropriação, cuja existência legítima dificilmente se pode colocar em questão. Uma contestação do conteúdo de ilícito da discriminação terá, pelo menos, de considerar os paralelos deste com aqueles delitos e explicar por que, considerando a semelhança das estruturas, apenas um deles tem caráter problemático.

Essa última consideração dogmático-coerentista pressupõe, obviamente, que a concepção de discriminação aqui proposta seja de fato capaz de cumprir a promessa. Assim, feitas essas considerações quanto à plausibilidade do nosso ponto de partida, passemos à exposição do conteúdo de ilícito que é próprio da discriminação.

5.2 O conteúdo de ilícito da discriminação

Concentremo-nos então no conceito de discriminação. O sentido conferido ao termo quando falamos, por exemplo, em "discriminação racial" é, para colocá-lo em termos gerais, o de não atribuir a um indivíduo o mesmo valor que os demais, de não lhe conferir o mesmo tratamento, sendo o motivo disso o grupo étnico a que pertence ou a que se supõe pertencer o indivíduo. Trata-se de tomar uma suposta característica racial do indivíduo como razão para menosprezá-lo. Se partimos, contudo, de uma concepção liberal de direito penal, como poderia o termo "discriminação" assumir qualquer sentido jurídico? Como visto, pensamentos, opiniões e estilos de vida não são, em geral, objeto de consideração jurídica legítima, de modo que ao direito não deve interessar se julgo serem inferiores os negros ou se evito a amizade de homossexuais, por mais moralmente condenável que isso possa ser. Poderíamos dizer então que, para conferir ao termo "discriminação" um *sentido jurídico*, ele teria de se referir imediatamente ao direito e compreendê-lo como o *não reconhecimento* de igual *status* jurídico ou simplesmente *da própria qualidade de pessoa*, negando aos discriminados todo e qualquer direito. Com isso, estaríamos deixando o solo proibido dos meros pensamentos e opiniões e aproximando-nos da divisa que os delimitam do ilícito.

Esse último ponto, no entanto, carece de maior precisão, pois não está claro como esse conceito jurídico de discriminação pode responder de forma satisfatória aos requisitos apresentados ao fim do último capítulo (Seção 4.3). Tal como exposta, ainda não se visualiza bem como a solução responderia a um problema óbvio: o mero não reconhecimento de um indivíduo como pessoa, como detentor de direitos, não implica uma agressão ao discriminado, se isso *se dá na forma de meros pensamentos, opiniões ou modos de vida.* Se alguém confidencia a um amigo achar que negros não deveriam ter os mesmos direitos que os demais indivíduos, embora talvez se possa falar em discriminação no sentido geral acima exposto, essa conduta não ingressa no âmbito das ações reguladas pelo direito. Contudo, o nosso objetivo aqui é, como afirmado, conferir ao termo um *sentido jurídico-penal.* Assim, a discriminação precisa ser interpessoal, precisa ser também composta de elementos externos. Considerando nosso ponto de partida exposto no tópico anterior, propomos a seguinte resposta: a discriminação só se realiza como ilícito se ela é cometida *tendo por meio outro ilícito.* Aquele que simplesmente pensa ou opina de forma discriminatória, mas não agride o direito de outrem, vive, na verdade, de acordo com o direito, não viola a convivência pacífica entre indivíduos, não a transforma no extremo oposto da violência. Assim como o oposto da paz não é a mera afirmação da guerra, mas a própria guerra, discriminação, em sentido jurídico, também não é meramente um pensamento, uma opinião ou um estilo de vida, mas *a manifestação do querer discriminatório na forma de um ilícito.* O ilícito é o *instrumento* de que se utiliza aquele que discrimina para discriminar em sentido jurídico, é a única forma possível de realizar a vontade de estar num estado não regulado pelo direito em relação a um determinado grupo de indivíduos.

Essa ideia de discriminação como um ilícito que se realiza por meio de outro ilícito não é arbitrária. Ela é resultado do ponto de partido assumido, o dever jurídico de reconhecimento entre conviventes como sujeitos de direito. Com o delito discriminatório, o direito é agredido em um segundo nível, o nível da própria existência de relações jurídicas entre conviventes. Assim, a violação do dever jurídico de reconhecimento só pode ocorrer por meio da violação aos direitos concretos de um concidadão. Caso contrário, não há violação ao direito. Não se pode falar em violação a um dever *jurídico* de reconhecimento, se a expressão desse não reconhecimento se deu sem violação ao direito. Em outras palavras, pode-se falar em *reconhecimento em um sentido jurídico*, que é ao que nos referimos aqui, e de reconhecimento segundo o uso corriqueiro do termo. O reconhecimento em sentido jurídico pressupõe que a negação da qualidade de sujeito de direito se realize na forma de uma violação ao direito. No sentido do uso corriqueiro, a discriminação pode se dar em consonância com o direito.

Nesse ponto, uma rápida visita à dogmática dos delitos de apropriação pode ser esclarecedora. Há muito já se conhece, no âmbito dos delitos contra propriedade, a importante distinção entre *subtração* e *apropriação*.[7] Ambas as ações voltam-se, no caso do furto ou roubo, para o mesmo objeto, mas têm *significados* diferentes. A *subtração* significa a quebra da guarda sobre a coisa e a criação de uma nova guara sobre esta por parte de quem a subtraiu ou de um terceiro. Ela é, por si só, se desprovida da intenção de obter a coisa, uma violação ao direito, embora, em geral, não seja uma conduta para a qual se prevê uma consequência penal. É o que se denomina furto de uso. Não realiza o tipo penal do furto quem não *quer* obter coisa para si ou para outrem. A *apropriação* é um comportamento que encerra, como traço característico necessário, um elemento interno. A doutrina se refere há muito a esses delitos como delitos de tendência interna extravagante ou delitos de intenção.[8] Mas é importante frisar que esse elemento interno é *constitutivo* do comportamento, é o que denominamos, no começo deste estudo (Seção 1.3), uma *circunstância subjetiva de primeira ordem*. No furto, subtração e apropriação se realizam no mesmo momento, o delito se consuma no instante em que

7. KINDHÄUSER, Urs. § 242 StGB, p. 202. In: KINDHÄUSER, Urs; et al (Hrsg.). *Nomos Kommentar zum Strafgesetzbuch*, Band 2, 4. Ed., Baden-Baden: Nomos, 2013, p. 197-241, com mais referências.

8. Sobre o "descobrimento" das elementares subjetivas, SIEVERTS, Rudolf. *Beiträge zur Lehre von den subjektiven Unrechtselementen im Strafrecht*. Hamburg: De Gruyter, 1934, p. 4 ss. JESCHECK, Hans-Heinrich; WEIGEND, Thomas. *Lehrbuch des Strafrechts*: Allgemeiner Teil, 5. ed., Berlin: Duncker & Humblot, 1996, p. 317-318.

o agente subtrai a coisa alheia móvel com a intenção de obtê-la para si ou para outrem.[9]

O paralelo se torna ainda mais interessante se comparamos a discriminação com o delito de apropriação indébita. Ausente a subtração que caracteriza o furto, o delito de apropriação indébita exige que a apropriação se reflita em um comportamento objetivo. A posição majoritária parte, para determinar esse conceito de apropriação, da denominada teoria da manifestação, segunda a qual a apropriação é a manifestação da vontade de se apropriar.[10] Em outras palavras, o delito não só pressupõe um elemento subjetivo, como esse elemento preenche de conteúdo, "colore" o momento objetivo. Se alguém deixa seu carro com um amigo para que este venda a um terceiro, e o amigo vende com intenção de fugir com dinheiro, comete apropriação indébita no momento da venda. Presente esse elemento interno, dá-se a apropriação, e o ato de vender se torna típico. A vontade de apropriar-se, de negar o direito do legítimo proprietário e arrogar a si esse direito, é decisiva para que se compreenda um ato como apropriação.[11] Por outro lado, exige-se também que o agente

9. Há alguns grupos de casos em que o sentido de não reconhecimento da propriedade expresso no fato, de forma análoga ao defendido aqui quanto à discriminação, assume o primeiro plano. Assim, por exemplo, no caso em que alguém furta carros de um ferro-velho com a intenção de vendê-los ao mesmo ferro-velho. Uma vez que há a intenção de "devolver" a coisa a seu legítimo proprietário, a diferença em relação ao furto de uso consiste em que a pretendida "devolução" se faz com o não reconhecimento, com a negação da qualidade de proprietário da coisa. Mitsch, *Wolfgang. Strafrecht Besonderer Teil 2*. 2. ed., Berlin: Springer, 2002, p. 65, com mais referências.

10. Wessels; Hillenkamp, *Strafrecht Besonderer Teil II*. 38. Ed., Heidelberg: C.F. Müller, 2015, p. 149. Eser; Bosch, § 246, p. 2375. In: Schönke, Adolf; Schröder, Horst (Hrsg.). *Strafgesetzbuch*: Kommentar, 29. ed., München: C. H. Beck, 2014, p. 2372-2382. Kindhäuser, Urs. § 246 StGB, p. 287. In: Kindhäuser, Urs *et alii* (Hrsg.). *Nomos Kommentar zum Strafgesetzbuch*, Band 2, 4. ed., Baden-Baden: Nomos, 2013, p. 282-296.

11. Em sentido contrário ao aqui defendido, Peralta sustenta que as elementares subjetivas não têm natureza diversa dos demais motivos e busca também "objetivá-las" por meio da ausência de justificação. Segundo o autor, no furto, que ele toma em um excurso como exemplo para explicar sua posição, "também se pode vincular este elemento subjetivo a algo relativo ao ilícito objetivo, de modo que, mais uma vez, a intenção (ánimo) é um epifenômeno de um injusto mais grave que se define por outras propriedades". O relevante então, não seria a intenção em si, mas o maior dano causado à vítima por aquele que

esteja em uma relação semelhante à de um proprietário para com a coisa, que ele assuma uma posição externamente semelhante à de um proprietário, pois, do contrário, não há qualquer violação ao direito de dispor da coisa que caracteriza o de direito de propriedade. Simplesmente dizer ou pensar que uma coisa alheia me pertence não é, por si só, uma agressão à propriedade de ninguém.

De volta ao conteúdo de ilícito da discriminação. Em paralelo aos conceitos de subtração e apropriação, podemos falar aqui, por exemplo, em homicídio e discriminação. O homicídio é uma violação do direito à vida de outrem. A discriminação que se utiliza do homicídio como meio é uma agressão à condição de sujeito de direito da vítima. A violação ao direito assume um segundo nível, o nível da própria existência de relações jurídicas. A conduta é a manifestação do não reconhecimento do outro como sujeito de direito, é a "desapropriação" dos direitos de um indivíduo. Com isso, a agressão ao próprio direito na pessoa da vítima assume o primeiro plano, a vítima é agredida não só em seu direito concreto, mas como *sujeito*

não devolve a coisa. O legislador teria escolhido então punir apenas os furtos não justificados dessa forma. Problemática nessa posição é, em primeiro lugar, que ela faz com que a punição, no caso do furto de uso, seja meramente dependente do acaso de alguém ter sido pego antes de ter a chance de devolver a coisa. Peralta, por exemplo, defende que dois agentes pegos três horas após a subtração da coisa devem ser punidos igualmente, "independentemente da intenção com que cada um tenha realizado a conduta". Como explicar, no entanto, a alguém que subtrai algo com a intenção de devolver será punido simplesmente porque, por acaso, foi pego pela polícia, ao passo que alguém que também comete um furto de uso não o será, porque não foi pego e conseguiu devolver a coisa? O mero acaso da descoberta do furto é capaz de transformar um furto de uso em furto punível? Em segundo lugar, essa posição não é adequada à estrutura dos delitos de apropriação. Subtração e apropriação têm significados diferentes, e a cada uma delas corresponde conteúdo de ilicitude próprio. Para demonstrar esse ponto, tomemos o exemplo de alguém que furta de um ladrão para devolver a coisa a seu legítimo proprietário. Segundo a posição majoritária, a subtração é ilícita, mas o fato não é típico, pois não há intenção de apropriar-se. Assim não há consequências penais para a pessoa que recuperou a coisa, mesmo que, por alguma razão, ela perca a coisa antes de devolver ao proprietário. Peralta, no entanto, precisaria afirmar a realização do furto, visto que se verifica a subtração de coisa alheia móvel, e o proprietário é privado da coisa de forma duradoura. Para a posição de Peralta, PERALTA, José Milton. *Motivos reprochables*, Una investigación acerca de la relevancia de las motivaciones individuales para el Derecho penal liberal. Madrid: Marcial Pons, 2012, p. 283 ss., 288 ss.

de direito, na sua qualidade de pessoa. Esse último ponto nos ajudará a estabelecer um critério para distinguir a discriminação de outros delitos não discriminatórios, cujo grau de ilícito se determina apenas pelo grau de justificação da conduta.

5.3 O que é discriminação?

Como buscamos esclarecer por meio do paralelo com os delitos de apropriação, a vontade discriminatória tem a mesma natureza das elementares subjetivas que são constitutivas de determinados delitos. A diferença aqui é que a discriminação pressupõe um ilícito autônomo como "elementar" objetiva. A discriminação compõe-se da realização de ilícito autônomo *e* do dolo específico discriminatório. Ao invés de a qualificadora constituir-se sobre o delito base, este se acopla à qualificadora. E isso, mais uma vez, é apenas uma consequência de nosso ponto de partida: a discriminação é uma agressão ao direito em um segundo nível, que se manifesta necessariamente por meio de uma agressão ao direito concreto de concidadãos.

Considerando o caráter decisivo do elemento subjetivo para a discriminação, a análise de sua determinação deve começar por esse elemento. O esforço aqui é delimitar quando uma agressão deixa de se referir apenas à vítima e atinge um segundo nível, o nível da agressão ao direito que caracteriza a discriminação. A partir do conteúdo de ilícito exposto acima, é possível chegar a uma orientação geral, que, embora não seja capaz de dar uma resposta conclusiva a casos que se encontram numa zona cinzenta, oferece um critério para distinguir o que se aproxima do preto e do branco, além de oferecer substratos para argumentação nos casos difíceis.

Conforme defendido, a discriminação pressupõe uma agressão ao direito. Essa agressão se dirige não a uma violação ou periclitação de direitos particulares (vida, propriedade, liberdade etc.), mas ao próprio *status* de pessoa livre e igual, à regulação das relações entre conviventes pelo direito. Isso pode ser expresso de outra forma: *o ilícito da discriminação é caracterizado por uma relação simples entre autor e vítima.* A relação autor-vítima que marca o delito discriminatório se expressa em termos simples, pois não é necessário considerar os indivíduos concretos, com suas respectivas biografias e peculiaridades. Num caso ideal, poderíamos dizer que o mero pertencimento a um grupo discriminado pelo autor é a condição suficiente para a agressão. Essa característica da relação entre autor e vítima seria, por si só, capaz de explicar a agressão.

A razão para isso é que à medida que a relação autor-vítima se torna mais simples, *a agressão ao direito assume o primeiro plano*. O que está sendo agredido não é tanto o indivíduo concreto, com suas peculiaridades, desejos, ambições, interesses, mas a qualidade de pessoa, a ideia abstrata assumida pelo direito de seres livres e iguais. A concepção jurídico-liberal de pessoa produz um espaço de abstração em que o indivíduo concreto, segundo suas visões de mundo e concepções éticas, pode se desenvolver e orientar sua vida. Ser pessoa de direito é dispor de uma "máscara de proteção".[12] A discriminação é antes uma agressão a essa máscara, à *persona* criada pelo direito, do que ao indivíduo concreto por ela protegido.

Basta lançarmos um olhar sobre os delitos previstos na Lei 7.716, a denominada "lei do racismo", para perceber que essa consideração confirma nossas intuições sobre a discriminação. A constante que se deixa ler, nas entrelinhas da enumeração casuística de circunstâncias externas, é a *anonimidade* das relações entre autor e vítima. As ações descritas abrangem impedir ou obstar o acesso a cargos da Administração Direta ou Indireta, ao serviço em qualquer ramo das Forças Armadas, a estabelecimento comercial, restaurantes, bares, estabelecimentos esportivos, casas de diversões, salões de cabeleireiros, barbearias etc. Em todos esses âmbitos, predomina o caráter anônimo das relações, não se trata de relações pessoais, em que autor e vítima se conhecem, têm qualquer relação de amizade ou mesmo coleguismo. A única possível exceção a essa regra é a do art. 14, cuja redação é a seguinte: "impedir ou obstar, por qualquer meio ou

12. A metáfora, que faz interessante referência à origem etimológica da palavra "pessoa" (*persona*, as máscaras teatrais utilizadas na Antiguidade), é citada por Forst e Habermas e atribuída a Hannah Arendt (On Revolution). Ver: Forst, Rainer. *Kontexte der Gerechtigkeit*: Politische Philosophie jenseits von Liberalismus und Kommunitarismus, Frankfurt am Main: Suhrkamp, 1996, p. 431. Habermas, Jürgen. *Faktizität und Geltung*: Beiträge zur Diskurstheorie des Rechts und des demokratischen Rechtsstaats. Frankfurt am Main: Suhrkamp, 1998, p. 144, N. 35a.

forma, o casamento ou convivência familiar e social". Contudo, há boas razões, como se verá a seguir (Seção 5.5.5), para questionar a legitimidade dessa proibição. O fato de sugerir também a inclusão de casos em que há uma relação complexa entre autor e vítima é mais uma razão para concluir pelo seu caráter problemático.

Quanto ao conteúdo do dolo discriminatório, embora não seja possível adentrar aqui a vasta discussão científica em torno dessa figura, é importante apenas esclarecer alguns pontos. Primeiro, vale esclarecer que a tese aqui defendida não nos obriga a tomar posição na acirrada disputa entre teorias volitivas e cognitivas. Mesmo autores que defendem uma teoria cognitiva do dolo não negam a existência de elementos internos como constitutivos de alguns delitos.[13] A discussão gira, na verdade, em torno do tipo de dolo em questão, pois os autores cognitivistas, para os quais não há sentido se falar em intenção, afirmam que o significado conferido pelo legislador ao incluir, por exemplo, "para si ou para outrem" no tipo penal do furto, é simplesmente o de dolo geral, e não especificamente do dolo direto de primeiro grau. Em todo caso, mesmo que assumíssemos uma concepção volitiva do dolo, não haveria razão para restringir o elemento interno da discriminação ao dolo direito de primeiro grau. Embora improváveis, é possível imaginar casos em que a discriminação se limite ao conhecimento seguro, por exemplo, no caso do assassino profissional contratado por um grupo homofóbico para exterminar homossexuais. Quanto aos homicídios haveria intenção, mas não necessariamente quanto à discriminação. O mesmo vale para o dolo eventual, embora sua ocorrência seja ainda mais improvável. Seria o caso de alguém que, para tornar sua vizinhança mais bonita, põe fogo em um barraco, sem saber se os moradores estão em casa, mas sabendo que são negros e assumindo, por essa razão, o risco de sua morte.

Do ponto de vista objetivo, é necessário, como já afirmado, que o dolo discriminatório se manifeste por meio de um ilícito. Para além dessa violação a um direito concreto da vítima, a verificação da

13. Assim, por exemplo, PUPPE, Ingeborg. § 15, p. 686. In: KINDHÄUSER, Urs *et alii* (Hrsg.), *Nomos Kommentar zum Strafgesetzbuch*, Band 1, 4. ed., Baden-Baden: Nomos, 2013, p. 643-690, com mais referências.

conduta discriminatória só pode se dar a partir de uma valoração geral das circunstâncias que envolvem o delito. Não há um ato que, tomado isoladamente, possa ser tido como discriminação, assim como não é possível determinar o que é uma apropriação sem considerar o querer do agente e as demais circunstâncias envolvem o ato. Uma determinação rigorosa de requisitos para um ato discriminatório, portanto, não é possível. É claro que essa indeterminação é um problema a ser reconhecido, devendo o réu ser privilegiado em caso de dúvida, e a ser enfrentado, possivelmente com o desenvolvimento de critérios gerais e de grupo de casos. No entanto, seria equivocado tomar esse problema como razão para desqualificar como ilegítimo o conteúdo de ilícito da discriminação, pois o direito penal convive com diversas figuras cuja determinação é mais ou menos dependente da análise de outras circunstâncias para além do ato isolado – por exemplo, além da mencionada apropriação, a violação do dever objetivo de cuidado, no delito culposo; o início da execução, na tentativa; a fraude, no delito de estelionato; a guarda, também no furto; o ato libidinoso, no estupro – sem que sua legitimidade seja, por isso, posta em questão.

5.4 Satisfação dos requisitos

Vejamos então como a tese aqui defendida responde adequadamente aos requisitos para uma qualificação do homicídio elencados ao fim do capítulo anterior. Com isso, além de demonstrar sua adequação, podemos utilizar esse procedimento para torná-la mais clara. O primeiro passo consiste em submetê-la à *prova do concurso de crimes*. Pergunta-se, assim, por que não se aplicariam as regras do concurso de delitos, já que estariam cumulados aqui um possível delito de discriminação e o de homicídio. Atentando-se bem para o sentido que se atribui aqui ao ilícito da discriminação, verifica-se que a objeção do concurso não o atinge. Trata-se de um ilícito que, segundo sua própria estrutura, pressupõe a ocorrência de outro ilícito, somando-se a isso o elemento interno consistente na intenção de, em relação a um grupo de indivíduos, estar num estado não regulado pelo direito, de negar-lhes a qualidade de igual pessoa de direitos. Supondo um estado de natureza, seria uma agressão permanente ao direito a intenção de se manter nesse estado de completa liberdade externa; entretanto, se se vive sob a proteção de relações jurídicas, esse ilícito só existe por meio de outro ilícito, pois, do contrário, não agrediria o direito e não poderia ser objeto de consideração jurídico-penal. A discriminação assume, *por excelência*, a forma dogmática de uma *qualificação*, porque necessita de outro delito para se realizar, porque não pode se realizar isoladamente, embora possua um conteúdo próprio de ilícito. Partindo-se da concepção liberal aqui assumida, não se pode cometer o ilícito de discriminação de forma isolada, ele não pode existir como tipo penal, mas somente como variação típica.

O segundo passo consiste em submeter a discriminação à *prova da ausência de justificação*. É necessário aqui que o querer que caracteriza a discriminação se diferencie de motivos como cobiça, ciúmes, inveja, prazer em matar etc., em suma, é necessário que o seu conteúdo de ilícito não se esgote se o traduzimos em termos de justificação. É certo que dificilmente se poderia justificar a motivação discriminatória de um homicídio. Contudo, não é simplesmente a ausência de justificação que subjaz ao conteúdo de ilícito do ato. O grau de ilícito do *homicídio* explica-se por ser injustificável, explica-se com referência à pessoa do agente, mas o *ato de discriminar*, que coincide externamente com o homicídio, explica-se por sua circunstância interna própria, qual seja, a vontade de não reconhecer a qualidade de pessoa a um grupo de indivíduos. O homicídio discriminatório é qualificado porque, para além do "querer matar" que caracteriza o tipo penal do homicídio simples, a intenção discriminatória agride o direito de forma independente.

Nesse ponto, já podemos ver como a solução satisfaz também a *exigência da imputação*. Como se trata de um ilícito que se dá por meio de outro, a única forma de imputá-lo ao agente é perguntando-se sobre elementos internos, sobre a vontade do agente. Aqui também vale o paralelo com o furto. Por mais que as circunstâncias externas sugiram uma intenção discriminatória, é somente por se perguntar por essa intenção que aquelas circunstâncias são interpretadas como tal. A única forma de reconhecê-la é por meio de uma "invasão" no *forum internum* do indivíduo, mas uma "invasão" que, como outras, está legitimada por ser imediatamente referida a uma negação do direito, por tratar-se da única forma de imputar ao sujeito a conduta discriminatória. Sem se perguntar pela intenção, não é possível verificar que o autor discriminou em sentido jurídico-penal.

Num último passo, busquemos mensurar a "*qualidade liberal*" da solução proposta. A discriminação nos termos aqui propostos se baseia apenas na ideia de que é necessária uma regulação jurídica entre conviventes, de que é ilícito não reconhecer, por meio de um ilícito, um estado regulado pelo direito em relação a pessoas cuja convivência é inevitável. É difícil enxergar como essa solução poderia implicar um comprometimento com uma concepção de bem específica, pois contém, em última análise, uma mera referência à existência relações jurídicas. Ateus, católicos, utilitaristas, liberais clássicos, socialistas, feministas, ambientalistas, vegetarianos, é razoável esperar que todos esses possam afirmar, mesmo que pelas razões mais diversas, a existência de relações jurídicas entre conviventes, a existência de um regramento de suas relações pelo direito. Pode-se dizer que continuam insatisfeitos os anarquistas e abolicionistas, mas é evidente que ocorreria o mesmo com qualquer outra tentativa de justificar um ato de coação ou de uma punição pelo Estado. Que a pena estatal possa ser justificada é, evidentemente, uma premissa desta investigação.

Podemos tomar, como meio de comparação para a solução proposta, duas posições que buscam justificar uma qualificação do homicídio em casos semelhantes, ambas baseadas na intensificação do conteúdo do ilícito. José Milton Peralta, por exemplo, em artigo que se debruça sobre o feminicídio, explica os crimes de ódio, dentre eles o feminicídio, como delitos de submissão. O feminicídio seria um homicídio qualificado, porque o delito é caracterizado por um esforço de impor uma forma de vida, é resultado da "insubmissão" da mulher frente à conduta que seu agressor lhe quer impor. A única forma de evitar a agressão é submeter-se ao domínio do agressor, de modo que "onde deveria viger autonomia, vigora a heteronomia".[14] Assim, os crimes de ódio são qualificados, porque o delito não pode ser explicado por um conflito que a vítima de alguma forma, com sua conduta anterior, tenha provocado, senão que "todo o ilícito é incumbência de um autor intolerante, que se sente provocado por ações que não podem ser consideradas uma provocação em um sentido relevante

14. Peralta, José Milton. *Homocidios por odio como delitos de sometimiento*. p. 14. In: InDret Penal, 4/2013.

(i. e. em um sentido normativo)".[15] A ausência de justificação, no entanto, não é exclusividade do crime de ódio, mas é um exemplo de uma "categoria mais ampla, cujo denominador comum é uma vítima não corresponsável por sua desventura".[16]

A tese de que motivos reprováveis, como simples ódio ou vontade de submeter alguém ao seu domínio, é um indício para a ausência de justificação de um delito é correta e já foi reconhecida anteriormente (Seção 3.3.4). O problema aqui é que este é precisamente o tipo de justificação que não estamos buscando. Uma justificação de uma *qualificadora* para o homicídio tem de subsistir à *prova da ausência de justificação*, isto é, seu conteúdo de ilícito não pode ser traduzido exclusivamente em termos de ausência de justificação. Não sendo possível encontrar esse *plus* justificativo, a única saída dogmática coerente e compatível com o valor do bem jurídico vida seria negar a possibilidade de uma qualificação e assumir o homicídio desprovido de justificação como tipo base do homicídio (Seção 3.3.5).

Também Luís Greco defende uma justificação da qualificação do homicídio com base no conteúdo de ilícito. Sua posição é desenvolvida a partir da análise dos chamados assassinatos de honra ("Ehrenmorde"), em que, para citar o tipo mais frequente de casos, um agente que, submetido a um tipo minoritário de socialização (normalmente imigrantes), mata a vítima para salvar a honra da família. O problema então consiste em saber se o homicídio foi cometido por motivo torpe. Segundo Greco, o conteúdo autônomo de ilícito a ser adicionado ao da violação do bem jurídico vida se baseia "em uma negação do direito de viver sua própria vida, portanto, do direito à autonomia".[17] É a cumulação dessas duas violações que justificaria uma qualificação do homicídio. Essa posição, por ser um esforço de justificar a cláusula geral do motivo torpe de forma consequente com a distinção legalidade e moralidade, representou um indicador de caminho para a solução aqui proposta.

15. Peralta, José Milton, *op. cit.*, p. 19.
16. *Idem, ibidem*, p. 22.
17. Greco, Luís. Ehrenmorde im deutschen Strafrecht, p. 318-319. *Zeitschrift für Internationale Strafrechtsdogmatik* (*ZIS*), 7-8/2014, 9. Jahrgang, p. 309-319.

A nosso ver, no entanto, não leva essa distinção às últimas consequências e, nesse sentido, não é suficientemente liberal. Mesmo a ideia de que todo indivíduo deve ter autonomia para orientar sua vida implica uma concepção particular de bem, que não pode ser objeto de regulação por parte do direito, se devemos ser rigorosos com a separação entre direito e moral. Isso significaria também, em última análise, uma "moralização" do direito. O direito deve se restringir a compor uma moldura institucional em que diversas concepções religiosas, morais e filosóficas possam conviver pacificamente. Numa sociedade pluralista, tem de ser possível a convivência entre grupos que afirmam a autonomia como um bem e grupos tradicionais, que seguem códigos rigorosos de comportamento, desde que ambos estejam dispostos a cumprir as condições institucionais que tornam essa convivência possível, ou seja, a regulação das condutas interpessoais externas pelo direito. Uma adepta do islamismo pode se submeter a todas as restrições e humilhações que, aos olhos de um ocidental, são exigidas por sua religião e encará-las não como uma opção de vida, mas como uma imposição divina a todas as mulheres por sua própria condição. E essa concepção de bem não é necessariamente incompatível com o exercício de liberdade externa de outros indivíduos que não compartilham dessa concepção.[18]

18. Outra concepção semelhante é defendida por Tatjana Hörnle. Hörnle nega, em geral, uma intensificação da punição em razão de motivos reprováveis, mas abre uma exceção para os casos em que "o motivo do agente está vinculado a uma depreciação da vítima", como nos chamados *hate crimes*. Para que uma intensificação do ilícito se verifique, é preciso ainda que "a motivação do agente tenha marcado o fato de forma objetivamente reconhecível", é necessário que a agressão tenha um "significado expressivo". HÖRNLE, Tatjana. *Tatproportionale Strafzumessung*, Berlin: Duncker & Humblot, 1999, p. 270-273. A própria Hörnle, no entanto, num artigo posterior, acolhe as objeções levantadas por Grünewald de que, nos crimes contra a vida, o completo aniquilamento do indivíduo implica um grau tal de ilícito, que qualquer depreciação adicional seria, do ponto de vista da vítima, irrelevante. HÖRNLE, Tatjana. Zur Relevanz von Beweggründen für die Bewertung von Tötungsdelikten – am Beispiel seg. "Ehrenmorde", p. 659. In: FREUND, Georg *et alii* (Hrsg.). *Grundlagen und Dogmatik des gesamten Strafrechtssystems*: Festschrift für Wolfgang Frisch zum 70. Geburtstag, Berlin: Duncker & Humblot, 2013, p. 653-676. Para as objeções: GRÜNEWALD, Anette. *Das vorsätzliche Tötungsdelikt*, Tübingen: Mohr Siebeck, 2010, p. 164-168.

5.5 É possível um tipo penal de discriminação?

Uma implicação necessária da solução proposta é que a discriminação, por si só, não pode constituir um delito autônomo. Como visto, a discriminação em sentido jurídico-penal só se realiza por meio de outro delito. Portanto, por si só, a discriminação, a sua mera expressão ou realização, desde que não se utilize de outro delito, não implica agressão ao direito: o conselho de um pai, transmitido em esfera íntima, de que seu filho se afaste de um colega homossexual, porque "todo gay é um pervertido"; o sermão de um pastor afirmando serem diabólicas as religiões de matriz africana; a circulação na internet de mensagens defendendo que "lugar de mulher é na cozinha". Nenhuma dessas condutas deve ingressar na esfera de proteção do direito penal, embora certamente sejam tidas por muitos como discriminatórias. A discriminação não é possível como tipo penal autônomo.

Isso significaria, contudo, serem ilegítimas as punições, por exemplo, de todas as condutas previstas na Lei 7.716, de 1989, a chamada "lei do racismo"? Lê-se no art. 1.º: "Serão punidos, na forma desta Lei, os crimes resultantes de discriminação ou preconceito de raça, cor, etnia, religião ou procedência nacional." À primeira vista, poder-se-ia dizer que as condutas descritas – por exemplo, "negar ou obstar emprego em empresa privada" (art. 4.º) ou "impedir acesso a estabelecimento comercial" (art. 5.º) – não estariam abrangidas pela solução aqui proposta e que, com isso, não carregariam um conteúdo de ilícito. Também para essas ações vale, no entanto, a solução acima proposta, de que a discriminação se realiza por meio de um ilícito. Pode-se justificar a punição dessas e outras ações semelhantes, sobretudo, com o delito de injúria, que, inclusive, dispõe de modalidade qualificada quando consiste na utilização de elementos referentes a raça, cor, etnia, religião, origem ou a condição de pessoa idosa ou portadora de deficiência (art. 140, § 3.º, CP).

No sentido jurídico aqui defendido, a discriminação pressupõe a agressão a um direito concreto da vítima e a vontade de negar sua qualidade de sujeito de direitos. No seu uso cotidiano, é perfeitamente possível casos em que a discriminação assume um sentido neutro, ou seja, quando ela não implica o não reconhecimento do "discriminado" como sujeito de direitos. Portanto, não é a discriminação em qualquer sentido que justificaria uma punição. Para oferecer um exemplo claro: a mencionada lei abrange também crimes resultantes de discriminação ou preconceito por "procedência nacional" e considera punível "impedir ou obstar o acesso de alguém ao serviço em qualquer ramo das Forças Armadas" (art. 13). A própria Constituição define, contudo, ser privativo de brasileiros natos os cargos de oficiais das Forças Armadas (art. 12, § 3.º, VI), e a razão pela qual essa "discriminação" de estrangeiros faz sentido não se baseia simplesmente na previsão constitucional, mas no fato de essa restrição gozar de uma boa justificação: o interesse de proteção nacional. Não há razão para interpretar essa restrição como uma agressão à honra de alguém, tampouco como uma negação de seu *status* de pessoa. Num outro exemplo, imaginemos o caso de um salão de beleza especializado no corte e tratamento de cabelos lisos. Não há razão para que a recusa ao atendimento a alguém que tenha cabelos crespos seja tida como delito. Dar-se-ia o contrário se, ao mesmo tempo, essa recusa implicasse uma agressão à honra de quem procura o salão, digamos, no caso em que o salão é destinado a todos, sem restrição a qualquer tipo de especialidade, e o atendimento a um negro é negado com justificativas racistas.

A injúria é tradicionalmente compreendida como a manifestação de menoscabo ou desprezo.[19] Nélson Hungria a define como "a manifestação, por qualquer meio, de um conceito ou pensamento que importe ultraje, menoscabo ou vilipêndio contra alguém",[20] e o Código Penal fala em ofensa à dignidade ou decoro (art. 140, *caput*). A determinação dessa ofensa depende da análise das circunstâncias que envolvem o caso, inclusive das condições de lugar e ambiente

19. Assim a definia, já em 1907, o Tribunal do Império Alemão: RGSt 40, 416. Regge, Jürgen; Pegel, Christian. § 185, p. 20. In: Joecks, Wolfgang; Miebach, Klaus (Hrsg.). *Münchner Kommentar zum Strafgesetzbuch*, 2. ed., München: C. H. Beck, 2012, p. 19-32. Zaczyk, Rainer. § 185, p. 1290. In: Kindhäuser, Urs *et alii* (Hrsg.). *Nomos Kommentar zum Strafgesetzbuch*, Band 2, 4. ed., Baden-Baden: Nomos, 2013, p. 1290-1295.

20. Hungria, Nélson. *Comentários ao Código Penal*, Vol. 6, 5. ed. Rio de Janeiro: Forense, 1980, p. 90.

e de fatores sociais.[21] As condutas consideradas discriminatórias, tal como várias das previstas na mencionada lei, podem e devem ser vistas como injuriosas.[22] Assim, o que hoje, no Brasil, chamam-se "crimes de racismo" ou "crimes resultantes de discriminação ou preconceito" deveriam, de forma mais rigorosa e consequente, ser tidos, em geral, como injúrias qualificadas pela intenção discriminatória, utilizando-se da previsão já existente art. 140, § 3.º, CP.

Essa opção não é um mero academicismo, não é simplesmente uma forma diferente para se dizer a mesma coisa. Há, pelo menos, duas razões para priorizar a solução proposta, em vez de um tipo autônomo de discriminação. Primeiro, submeteria a punibilidade desses delitos a maior rigor dogmático e, com isso, maior segurança jurídica. Ao

21. Hungria, Nélson, *Comentários ao Código Penal*, Vol. 6, 5. ed. Rio de Janeiro: Forense, 1980, p. 91-92. Regge, Jürgen; Pegel, Christian. § 185, p. 22. In: Joecks, Wolfgang; Miebach, Klaus (Hrsg.). *Münchner Kommentar zum Strafgesetzbuch*, 2. ed., München: C. H. Beck, 2012, p. 19-32. Fischer, Thomas. *Strafgesetzbuch*, 63. ed., p. 1344. In: Beck'sche Kurz-Kommentare, Band 10, München: C. H. Beck, 2016. Lencker, Theodor; Eisele, Jörg. § 185, Rn. 8, p. 1877. In: Schönke, Adolf; Schröder, Horst (Hrsg.). *Strafgesetzbuch*: Kommentar, 29. ed., München: C. H. Beck, 2014.

22. Há uma discussão na Alemanha sobre o caráter injurioso de proibições de acesso a lugares abertos ao público por razões de discriminação. De forma semelhante à argumentada aqui, por exemplo, defende Schramm, em estudo sobre injúria contra deficientes: "Trata-se, sem dúvidas, de uma ofensa, se, com base nas circunstâncias do caso, o proprietário ou funcionário do local dá a entender aos deficientes que, como pessoa de segunda classe, eles não seriam dignos de ser servidos por ele. Num local público, em que normalmente todo cliente é bem-vindo, é esse o caso não só quando a proibição de acesso é pessoalmente transmitida, mas também quando acontece por meio de um cartaz." Schramm, Edward. Über die Beleidung von behinderten Menschen, p. 556-557. In: Eser, Albin *et alii*. Festschrift für Theodor Lenckner zum 70. Geburtstag, München: C. H. Beck, 1998, p. 519-564. Também nesse sentido: Lohse, Volker. "Tüken ist der Zutritt verboten" – Volksverhetzung durch Zugangsverweigerung, p. 1680. *Neue juristische Wochenschrift* (NJW), München, 1985, Heft 29, p. 1677-1681. De forma mais restrita: Lencker, Theodor; Eisele, Jörg. § 185, Rn. 8, p. 1877. In: Schönke, Adolf; Schröder, Horst (Hrsg.). *Strafgesetzbuch*: Kommentar, 29. ed., München: C. H. Beck, 2014. Numa decisão de 1983, o Tribunal Estadual Superior da Baviera considerou injúria impedir o acesso a um restaurante devido à nacionalidade estadunidense dos ofendidos: BayObLG, Urteil von 7.3.1983 – Rreg. 2 St 140/82. Neue juristische Wochenschrift (NJW), München, 1983, Heft 36, p. 2040-2041. Crítico à decisão: Stegbauer, Andreas. *Rechtsextremistische Propaganda im Lichte des Strafrechts*, München: VVF, 2000, p. 198.

legislador não caberia o trabalho de Sísifo de abranger todas as ações que possam, de alguma forma, implicar uma discriminação, prescindiria da menção casuística a "salões de beleza", "bares", "hotéis", "clubes sociais abertos ao público" etc. E prescindir dessas descrições só implica uma agressão à exigência de determinação das normas penais à medida que o próprio delito de injúria o faz, pois é dele que se trata aqui.[23] A verificação da injúria caberia à jurisprudência, seguindo os parâmetros dogmáticos já desenvolvidos para isso. Isso nos obrigaria a dissolver a inconsistência de que a persecução de uma injúria qualificada pressupõe a representação do ofendido, ao passo que o processamento do delito de impedir o acesso de um judeu a um restaurante, por exemplo, dá-se por ação pública incondicionada, sendo também crime inafiançável e imprescritível. Não há nada que justifique essa diferença, valendo ressaltar que a pena para a maioria dos crimes arrolados na lei (arts. 5.º, 6.º, 7.º, 8.º, 9.º, 10, 11 e 12) é exatamente a mesma cominada para a injúria qualificada do art. 140, § 3.º, CP.

Em segundo lugar, logra-se, com isso, um critério *de lege ferenda* para determinar quando uma ação discriminatória se mantém no espaço protegido pela proteção do foro íntimo e da livre manifestação de pensamento e quando passa a merecer punição por parte do Estado. Mas, além disso, a solução oferece também um critério para interpretação *de lege lata* dos delitos previstos. Um pai muçulmano que rompe laços com a filha, porque essa decide casar com um católico, obsta o casamento e deve ser punido conforme o art. 14, da Lei 7.716? Segundo a solução aqui proposta, ele não deve ser punido, pois não há agressão ao direito. A ação do pai permanece dentro dos limites legítimos em que um indivíduo pode orientar sua vida segundo sua própria concepção de bem. Assim também com o art. 20, em cuja redação se lê "praticar, induzir ou incitar a discriminação ou preconceito de raça, cor, etnia, religião ou procedência nacional". O pastor que, em seu sermão, afirma ser macumba "coisa do diabo" incita a discriminação religiosa? Segundo nosso critério, também

23. Sobre a tensão entre a exigência constitucional de determinação e os crimes contra a honra: Regge, Jürgen; Pegel, Christian. *Vorbemerkungen zu den § 185*, p. 5-6. In: Joecks, Wolfgang; Miebach, Klaus (Hrsg.). Münchner Kommentar zum Strafgesetzbuch, 2. ed., München: C. H. Beck, 2012, p. 1-19.

não. A proibição desse artigo só se deixa explicar com recurso ao delito de incitação ao crime (art. 286, CP) e sua incidência depende dos critérios para a verificação deste.

5.6 Discriminação e feminicídio

O feminicídio, em sua modalidade subjetiva, seria então uma exemplificação dessa forma de qualificação do homicídio pela discriminação. O homicídio cometido por menosprezo ou discriminação à condição de mulher é uma forma de, por meio de um homicídio, não reconhecer às mulheres o próprio *status* de pessoa; ele é a realização da intenção de não estar em uma situação regulada pelo direito em relação àquele grupo de indivíduos. Entretanto, como a solução proposta já deixa deduzir, a justificação dessa qualificadora só faz sentido se for aplicada a toda forma de discriminação, segundo seu conceito jurídico-penal aqui proposto, e seria talvez mais adequada como uma forma de justificar e interpretar o que está contido na cláusula geral "motivo torpe".

Não há razão para que o direito se restrinja a proibir a discriminação apenas contra mulheres, deixando desprotegidos todos os demais grupos passíveis do mesmo tratamento. O direito precisa, nesse sentido, manter seu caráter universal, o que permite uma regulação da vida em comum sem que uma concepção de bem particular seja afirmada em detrimento de outras. Em outras palavras, o feminicídio se justifica como qualificadora de ordem subjetiva não porque, no Brasil, verifica-se a contingência social da particular vulnerabilidade de mulheres, mas porque a discriminação de qualquer grupo constitui um conteúdo próprio de ilícito. Essa circunstância é certamente importante para que se chegue ao caráter discriminatório da motivação, mas não é ela que *legitima* a qualificação do homicídio.

Também nesse ponto, isto é, na determinação dos grupos contra os quais se volta a discriminação, a solução aqui proposta se revela mais adequada do que os esforços até agora empreendidos de positivar um delito de discriminação. A mencionada Lei 7.716, de 1989, ganhou a alcunha de Lei do Racismo, porque tinha por objeto, em sua redação original, apenas os "crimes resultantes de preconceito de raça ou de cor". Não há razão para que apenas esses grupos mereçam a proteção penal, e a nova redação dada ao art. 1.º pela Lei 9.459, de 1997, confirma-o ao abranger, além de raça e cor, a etnia, religião e procedência nacional. Podemos, no entanto, ir além e perguntar: por que não estão abrangidos aí também orientação sexual, deficiência física, condição de pessoa idosa, identidade de gênero?

Essa última consideração sugere um intrincado problema que não pôde ser resolvido no âmbito desta investigação, dedicada, sobretudo, ao homicídio. Sua solução exigiria um estudo voltado exclusivamente para a discriminação em direito penal. Trata-se do problema da determinação de quais grupos ou, para expressá-lo de outra forma, de quais características individuais (por exemplo, gênero, sexo, crença, nacionalidade) assumem importância se tomadas como motivação para cometer um delito. Por que, precisamente, essas características? Toda e qualquer característica (por exemplo, cor dos olhos, profissão, altura, traços de personalidade etc.) é suficiente para basear um ato discriminatório? Não sendo esse o caso, há algo em comum entre aquelas características que baseiam uma discriminação? Neste ponto, não podemos deixar ao leitor mais do que esses questionamentos, mas com a esperança de que lhe sirvam, assim como toda a investigação desenvolvida até aqui, de estímulo para refletir sobre o tema e buscar soluções à altura de sua dificuldade.

6

RESOLUÇÃO DOS CASOS

Finalmente, dispomos de algumas respostas capazes de nos orientar no tratamento dos casos hipotéticos apresentados no início deste trabalho. Passemos então à análise desses casos:

Análise do caso 1. Trata-se do que talvez se possa chamar um caso padrão de feminicídio cometido por discriminação. As circunstâncias sugerem fortemente uma intenção discriminatória: o fato de que se trata de uma faculdade de engenharia, curso em que até hoje a presença masculina é predominante; a separação entre homens e mulheres, sendo apenas estas as vítimas dos homicídios; o desprezo contra feministas, manifestado por meio de impropérios durante os disparos ("vocês são todas umas feministas de merda"); o ressentimento dirigido não a pessoas específicas, mas ao conjunto mulheres como grupo social; a lista de morte nomeando mulheres de destaque. Restando claro o caráter discriminatório do ato, o problema que assume o primeiro plano aqui é por que essa motivação discriminatória pode e deve ser levada em conta para uma qualificação do homicídio, para uma maior intensidade da punição. Conforme a solução proposta, a justificativa para que essa motivação seja levada em conta é a de que implica uma agressão ao direito num segundo nível, pois se trata de, por meio de um delito, negar a qualidade de pessoa livre e igual a um grupo de indivíduos. É essa a razão pela qual a discriminação contra mulheres pode ser levada em conta para qualificar o homicídio.

Análise do caso 2. Esse é o caso cuja solução é mais difícil. O problema que assume o primeiro plano é o da determinação da vontade discriminatória, isto é, de se determinar se a motivação pela qual agiu Francisco, a de evitar que alunas possam se matricular no internato, pode ser tida como discriminação. Com base na orientação geral e tal como o caso foi exposto, acreditamos se tratar sim de um caso de feminicídio por discriminação ou menosprezo à condição de mulher. O critério sugerido era de que a relação autor-vítima só pode ser exposta em termos simples. Francisco elegeu a vítima não por qualquer vínculo particular, por depositar alguma expectativa na pessoa da vítima, por considerá-la como indivíduo concreto, mas pelo simples fato de ser mulher e aluna do internato. O vilipêndio do cadáver, revelando a intenção de corroborar sua tese de que a mudança implicava um perigo para as alunas, sugere que a motivação se estende a todas as alunas, tem sua razão de ser no grupo de alunas e tem, por pano de fundo, a diferença de papéis que Francisco atribui a homens e mulheres. Por tratar-se do acesso de mulheres a uma escola, predomina o anonimato característico das circunstâncias descritas na Lei 7.716. É compreensível, no entanto, que, segundo esse mesmo critério, a discriminação aqui não corresponda a uma punição tão rigorosa quanto a do caso anterior, pois o vínculo emocional de Francisco com a escola sugere maior complexidade de sua relação para com a vítima.

Análise do caso 3. Este caso aproxima-se do outro extremo. Por mais que se possa atribuir os ciúmes ao machismo presente na sociedade e refletido por Raimundo, a discriminação, a vontade de negar o *status* de pessoa livre e igual, dilui-se na profusão de sentimentos, expectativas, frustrações e mágoas que caracteriza a relação autor-vítima. Reduzir essa complexidade e tentar explicar o caso apenas por meio de uma suposta vontade discriminatória de Raimundo seria incorrer no erro de descarregar sobre ele um problema que caracteriza toda a sociedade e que se mostra aqui como estruturador da própria relação amorosa, como subjacente aos sentimentos de ciúmes e ao seu caráter possessivo. A discriminação, para assumir um sentido jurídico-penal, tem de se caracterizar como uma agressão à qualidade igual de pessoa de direito entre conviventes, tem que se dirigir à mencionada "máscara de proteção" conferida a todo indivíduo por pertencer a um grupo específico, e não antes contra o indivíduo que a máscara protege. O vínculo emocional entre autor e vítima é, por si só, um indício muito forte de que há, no ato de homicídio em questão, muito mais em jogo do que um delito discriminatório, como deve ser entendido feminicídio em sua modalidade subjetiva.

Análise do caso 4. Nesse caso, é certo que o homicídio se baseia na diferença entre homens e mulheres; tem, portanto, sua razão de ser na "condição de sexo feminino". Contudo, não se trata de feminicídio, pois não atinge o sentido de discriminação tal como proposto aqui, não carrega em si o conteúdo de ilícito típico do delito cometido para discriminar. Não se pode identificar aqui a vontade que caracteriza a qualificação por discriminação, a vontade de agredir o *status* de pessoa de direito ao grupo social "mulheres". Ao contrário, José nutria apreço pelas mulheres e viu-se, dentro das circunstâncias mencionadas, compelido a fazer algo que lhe desagradava para não perder espaço na região. O ato do homicídio nesse caso não põe em questão as mulheres como grupo igualmente merecedor de proteção jurídica, como concidadãs às quais assistem direitos iguais aos conferidos aos homens.

CONCLUSÃO

RESUMO DE TESES E RESPOSTA AOS PROBLEMAS FORMULADOS

1. A premeditação e a desproporcionalidade entre fins e meios não são critérios suficientes para explicar a distinção entre homicídio simples e qualificado. Esses critérios têm um caráter meramente formal, querendo isso dizer que não possuem um sentido normativo relevante capaz de justificar um incremento de pena entre diferentes homicídios.

2. Uma qualificação do homicídio com base na ideia de reprovação ético-social também é insatisfatória. Essas teorias pressupõem uma dupla valoração ético-social, a saber, para o ilícito e para a culpabilidade. De um lado, há uma ordem ético-social na qual se fundamenta o juízo de reprovabilidade de uma conduta; de outro, é necessário que o agente, para que se verifique sua culpabilidade, vivencie em sua consciência os comandos da ordem como reais. Nos casos em que o autor não compartilha das mesmas convicções prescritas pela ordem ético-social, resta a essas teorias afirmar um de dois caminhos problemáticos: ou constrói-se normativamente uma aceitação universal de exigências ético-sociais, ou abre-se mão da generalidade do direito, individualizando-se os critérios para a censura jurídica.

3. O esforço das teorias preventivas especiais no sentido orientar a natureza e medida da pena na índole do agente também não satisfaz. Justificar uma qualificação com base nos motivos pressupõe que se determine a relação destes para com a índole do agente. Se a índole é mais do que as várias motivações particulares, os motivos são tidos como destituídos de valor científico, a índole, por ser personalíssima, não é capaz de oferecer parâmetros para determinações genéricas sobre os pressupostos da pena. De outro lado, se a índole é apenas o somatório de todas as circunstâncias internas, ela pode ser sempre reinterpretada à luz dos motivos de cada ato, e pena perde o critério para determinação de sua medida e natureza.

4. A qualificação com base na periculosidade dos motivos é capaz de explicar variações de pena no interior do ilícito do delito de homicídio, mas não carrega um *plus* justificativo. Com isso, não se pode falar em uma qualificação no sentido de que o perigo abstrato dos motivos agrega ao homicídio um conteúdo de ilícito diferente. Isso pode ser verificado, na medida em que os motivos reprováveis podem ser vistos sob o prisma da ausência de justificação do delito.

5. O reconhecimento de um homicídio "neutro" situado entre qualificação e privilégio, como é o caso do homicídio simples no direito brasileiro, conduz a problemas, pois se perdem os contornos entre homicídio simples e homicídio privilegiado. Isso ocorre porque o que se prevê como homicídio qualificado com base em circunstâncias subjetivas não é mais do que um homicídio desprovido de qualquer grau de justificação, e os homicídios que contam com um grau de justificação já são abrangidos pelo art. 121, § 1.º, CP. Além disso, uma excessiva disparidade de penas entre homicídio simples e qualificado implica uma supervalorização das qualificadoras em detrimento do bem jurídico vida.

6. Uma possível justificação para uma intensificação da pena do homicídio com base em circunstâncias internas é a realização de duas violações ao direito por meio de um único ato. Essa justificação tem que ser capaz de explicar, primeiro, por que não se aplicam as regras do concurso de crimes. Segundo, tem demonstrar por que, ao contrário de qualificadoras como motivo fútil ou torpe, não se trata de uma mera ausência de justificação. Além disso, da análise da posição liberal resultaram mais duas exigências: a consideração de circunstâncias subjetivas só é possível se for necessária para imputar ao agente uma conduta externa como ilícito, bem como favorecer argumentos com menor referência a concepções particulares de bem.

7. A tese aqui defendida diz respeito à discriminação e pode ser resumida da seguinte forma: a discriminação é a manifestação, por meio de um ilícito, da vontade de não reconhecer à vítima a qualidade de pessoa livre e igual. Trata-se de uma violação ao direito em um segundo nível, ou seja, do não reconhecimento da existência de relações jurídicas para com alguém com quem se tem que conviver. Como o ilícito da discriminação só se manifesta por meio de outro ilícito, não se aplicam as regras de concurso de crimes. O ilícito do homicídio discriminatório não se esgota em uma ausência de justificação do homicídio, pois há uma agressão ao direito de outra natureza, a saber, a violação do dever jurídico de reconhecimento. A consideração de um elemento interno é a única forma de imputar ao agente a discriminação como ilícito, pois esta pressupõe, como elemento constitutivo, além da realização de um ilícito, a vontade de discriminar. A consideração da vontade de discriminar não afirma nenhuma concepção de bem específica, senão que se baseia no dever de reconhecer a existência de relações jurídicas entre conviventes.

8. O feminicídio, em sua modalidade subjetiva (art. 121, § 2.º-A, II), é uma espécie do gênero discriminação. Não há razão, portanto, para conferir um tratamento legal diferenciado exclusivamente ao grupo das mulheres. Isso não impede, todavia, que a qualificadora subjetiva do feminicídio seja interpretada à luz do conceito de discriminação aqui proposto, para que se alcance um tratamento *de lege lata* mais adequado da qualificadora.

Por fim, com base em toda a investigação feita, estamos em condições de responder concisamente aos problemas formulados ao início. Retomemos então as perguntas formuladas e tratemos de respondê-las:

Por que é legítimo que o Estado puna de forma mais intensa alguém que cometeu um homicídio por menosprezo ou discriminação à condição de mulher, sendo essa circunstância subjetiva a única coisa que o diferencia de outros homicídios apenados com menor rigor?

Reposta: Porque a consideração da circunstância subjetiva, no caso do feminicídio, a vontade de discriminar, é a única forma de imputar ao sujeito uma violação ao direito, isto é, a discriminação em sentido jurídico-penal.

Qual característica o menosprezo e a discriminação à condição de mulher têm em comum com outras circunstâncias objetivas e subjetivas, sendo essa característica em comum aquilo que justifica um incremento de pena no caso do homicídio?

Resposta: Essa característica é a intensificação do conteúdo do ilícito com base na existência de duas ou mais violações simultâneas ao direito. Vale ressaltar, contudo, que nem toda violação simultânea ao direito justifica uma qualificação, é necessário que se satisfaçam os mencionados requisitos para uma solução adequada (Seção 4.3).

Qual o conteúdo normativo do art. 121, VI, § 2.º-A, II, CP, ou, de forma direta, o que significa "menosprezo ou discriminação à condição de mulher"?

Reposta: menosprezo ou discriminação à condição de mulher significa, em sentido jurídico-penal, a realização, por meio de um ilícito, da vontade de não reconhecer às mulheres como grupo social a qualidade de sujeito de direitos. Por mais que, com isso, não se resolvam todos os problemas de determinação, vale mencionar que a discriminação é tanto mais nítida à medida que a relação autor-vítima pode ser expressa em termos simples.

BIBLIOGRAFIA

ALBRECHT, Peter-Alexis. Das Dilemma der Leitprinzipien auf der Tatbestandsseite des Mordparagraphen. *Juristenzeitung* (JZ), Tübingen, 1982, p. 697-706.

ALLISON, Henry. *Kant's Theory of Freedom*. New York: Cambridge University Press, 1990.

ALWART, Heiner. Der Begriff des Motivbündels im Strafrecht: am Beispiel der subjektiven Rechtsfertigungselemente und des Mordmerkmals Habgier. *Goltdammers Archiv* (GA), Heidelberg *et alii*, 1983, p. 433-459.

ARZT, Gunther. "Gekreuzte" Mordmerkmale? Zur Tragweite des § 50 II StGB. *Juristenzeitung* (JZ), Tübingen, 1973, p. 681-687.

_____. Die Delikte gegen das Leben. *Zeitschrift für die gesamte Strafrechtwissenschaft* (ZStW), Berlin, 83 1971, p. 1-38.

AZEVEDO, André Mauro. Lacerda *Tribunal do júri: aspectos constitucionais e procedimentais*, São Paulo: Verbatim, 2011.

BAUMANN, Jürgen; et al. *Alternativ-Entwurf eines Strafgesetzbuches*: Besonderer Teil, 1. Halbband, Tübingen, 1970.

BELLOQUE, Juliana Garcia. Feminicídio: o equívoco do pretenso Direito Penal emancipador, *Boletim IBCCrim*, São Paulo, Maio/2015, p. 3-4.

BIELEFELDT, Heiner. Strafrechtliche Gerechtigkeit als Anspruch an den endlichen Menschen: Zu Kants kritischer Begründung des Strafrechts. *Goltdammers Archiv* (GA), Heidelberg *et alii*, 1990, 108-120.

BITTENCOURT, César. *Direito Penal*: Parte especial 2, 13. ed. São Paulo: Saraiva 2013.

BRUNO, Aníbal. *Crimes contra a pessoa*, 5. ed. Rio de Janeiro: Editora Rio, 1979.

BUSATO, Paulo. *Direito Penal*: Parte especial 1, São Paulo: Atlas, 2014.

CAPUTI, Jane; RUSSELL, Diana E. H. Femicide: Sexist Terrorism against Woman. In: RADFORD, Jill; RUSSELL, Diana. *Femicide: the politics of woman killing*, New York/Toronto: Twayne Publishers, 1992, p. 13-21.

CASTILHO, Ela Wiecko V. de. Sobre o feminicídio, *Boletim IBCCrim*, São Paulo, Maio/2015, p. 4-5.

CESANO, José D.; AROCENA, Gustavo A. *El delito de femicidio: Aspectos político--criminales y analisis dogmático-jurídico*, Montevideo/Buenos Aires: Bdef, 2013.

DAHM, Georg. *Der Tätertyp im Strafrecht*. Leipzig: Verlag von Thedor Weicher, 1940.

D'ELIA, Fábio Suardi. Feminicídio: uma via legal de proteção de gênero e de determinadas situações de vulnerabilidade. *Boletim IBCCrim*, São Paulo, Julho/2105, p. 8-9.

DEVLIN, Patrik. *The Enforcement of Morals*, London: Oxford University Press, 1975.

DIAZ, Omar H. Evolución y desarollo del Feminicidio. In: DIAZ, Omar H. *et alii*, *Mirada retrospectiva al delito de feminicidio*: evolución, fundamentación y sanción, Bogotá: Grupo Editorial Ibañez, 2013, p. 17-56.

DINIZ, Debora; COSTA, Bruna Santos; GUMERI, Sinara. Nomear Feminicídio: conhecer, simbolizar e punir. *Revista IBCCrim*, 114, Maio-Julho, p. 225 ss.

ENGISCH, Karl. *Auf der Suche nach der Gerechtigkeit*, München: Piper, 1971.

ESER, Albin, § 211. In: SCHÖNKE, Adolf; SCHRÖDER, Horst. *Strafgesetzbuch*: Kommentar, München: C. H. Beck, 2010.

_____. *Empfiehlt es sich, die Straftatbestände des Mordes, des Totschlages und der Kindestötung (§§ 211 bis 213, 217 StGB) neu abzugrenzen?*, Gutachten D für den 53. Deutschen Juristentag, München: C. H. Beck, 1980.

FEUERBACH, P. J. A. von. *Lehrbuch des gemeinen in Deutschland gültigen peinlichen Rechts*. 8. ed., Gießen: Verlag von Georg Friedrich Heyer, 1823.

_____. *Revision der Grundsätze und Grundbegriffe des positiven peinlichen Rechts*, Zweiter Teil, Chemnitz: Verlag von Georg Friedrich Heyer, 1800.

FISCHER, Thomas. *Strafgesetzbuch*, 63. ed. In: Beck'sche Kurz-Kommentare, Band 10, München: C. H. Beck, 2016.

FORST, Rainer. *Kontexte der Gerechtigkeit*: Politische Philosophie jenseits von Liberalismus und Kommunitarismus, Frankfurt am Main: Suhrkamp, 1996.

FREISLER, Roland. Gedanken über das Gesetz zur Änderung des Reichsstrafgesetzbuches. *Deutsche Justiz*. Rechtspflege und Rechtspolitik., Berlin, 103. Jahrgang, Semptember 1941, Ausgabe A, n. 39, p. 929-938.

FROMMEL, Monika. Anmerkung – BGH, Urteil vom 13.11.1985 – 3 StR 273/85 – LG Wuppertal. *Strafverteidiger* (StV), Köln, 1987, 292-296.

GALLAS, Wilhelm. *Beiträge zur Verbrechenslehre*, Berlin: Walter de Gruyter & Co., 1968.

GEILEN, Gerd. Das politische Attentat als "Mord"? – Tatbestandsprobleme des § 211 StGB im Spiegel des Terrorismus. In: KAUFMANN, Arthur *et alii* (Coords.), *Festschrift für Paul Bockelmann*, München: C. H. Beck, 1979, p. 613-646.

GRECO, Luís. Ehrenmorde im deutschen Strafrecht. *Zeitschrift für Internationale Strafrechtsdogmatik* (ZIS), 7-8/2014, 9. Jahrgang, p. 309-319.

_____. Gibt es Kriterien zur Postulierung eines kollektiven Rechtsgutes? In: HEINRICH, Manfred *et alii*. *Festschrift für Claus Roxin zum 80. Geburtstag*, Band 1, Berlin: De Gruyter, 2011, p. 199-214.

_____. *Lebendiges und Totes in Feuerbachs Straftheorie: Ein Beitrag zur gegenwärtigen strafrechtlichten Grundlagendiskussion*, Berlin: Duncker & Humbolt, 2009.

GRÜNEWALD, Anette. *Das vorsätzliche Tötungsdelikt*, Tübingen: Mohr Siebeck, 2010.

GRÜNEWALD, Anette. *Grundkonzeption der Tötungsdelikte*, p. 498. In: Abschlussbericht der Expertengruppe zur Reform der Tötungsdelikte (§§ 211-213, 57a StGB), dem Bundesminister der Justiz und für Verbraucherschutz, Juni 2015, p. 480-514.

HABERMAS, Jürgen. *Faktizität und Geltung*: Beiträge zur Diskurstheorie des Rechts und des demokratischen Rechtsstaats. Frankfurt am Main: Suhrkamp, 1998.

HART, Herbert L. A. *Law, Liberty and Morality*, Oxford/New York: Oxford University Press, 1963.

HEINE, Günter. *Tötung Aus "Niedrigen Beweggründen"*: Eine erfahrungswissenschaftlich-strafrechtsdogmatische Untersuchung zur Motivgeneralklausel bei Mord, Berlin: Duncker & Humbolt, 1988.

HEINRICH, Bernd. *Strafrecht*: Allgemeiner Teil, 4. ed., Suttgart: Kohlhammer, 2014.

HOBBES, Thomas. Leviathan: or the Matter, Form, and Power of a Commonwealth Ecclesiastical and Civil. In: BART, Sir William Molesworth. *The English Works of Thomas Hobbes*, Vol. III, London: John Bohn, 1839.

HÖNRLE, Tatjana. *Straftheorien*, Tübingen: Mohr Siebeck, 2011.

_____. Zur Relevanz von Beweggründen für die Bewertung von Tötungsdelikten – am Beispiel seg. "Ehrenmorde". In: FREUND, Georg *et alii* (Coords.). *Grundlagen und Dogmatik des gesamten Strafrechtssystems*: Festschrift für Wolfgang Frisch zum 70. Geburtstag, Berlin: Duncker & Humbolt, 2013, p. 653-676.

HÖRNLE, Tatjana. *Tatproportionale Strafzumessung*, Berlin: Duncker & Humbolt, 1999.

HUNGRIA, Nélson. *Comentários ao Código Penal*, Vol. 5, 5. ed. Rio de Janeiro: Forense, 1979.

_____. *Comentários ao Código Penal*, Vol. 6, 5. ed. Rio de Janeiro: Forense, 1980.

HÜNNIG, Dieter. *Freiheit und Herrschaft in der Rechtsphilosophie des Thomas Hobbes*. Berlin: Duncker & Humbolt, 1998.

ITAGIBA, Ivair N. *Do homicídio*, Rio de Janeiro: Forense, 1945, p. 137.

JÄHNKE, Burkhard. § 211. In: *Leipziger Kommentar zum Strafgesetzbuch*, Fünfter Band, 11. ed., Berlin: De Gruyter, 2001.

JAKOBS, Günther. Bürgerstrafrecht und Feindstrafrecht. *HRRS*, Hamburg, März 2004 (3/2004), p. 88-95.

_____. Das Strafrecht zwischen Funktionalismus und "alteuropäischem" Prinzipiendenken. *Zeitschrift für die gesamte Strafrechtswissenschaft* (ZStW), Berlin, 107, 1995, Heft 4, 843-876.

_____. Niedrige Beweggründe beim Mord und die besonderen persönlichen Merkmale in § 50 Abs. 2 und 3 StGB. *Neue Empfiehlt Wochenschrift* (NJW), München, 1969 Heft 12, p. 489-493.

_____. *Strafrecht Allgemeiner Teil*: Die Grundlagen und die Zurechnungslehre, 2. ed., Berlin: Walter de Gruyter, 1991.

JESCHECK, Hans-Heinrich. Anmerkung – BGH, Großer Senat für Strafsachen, Beschluß v. 22.09.1956 – GSSt 1/58. *Juristenzeitung* (JZ), Tübingen, 1957, p. 386-388.

JESCHECK, Hans-Heinrich; WEIGEND, Thomas. *Lehrbuch des Strafrechts*: Allgemeiner Teil, 5. ed., Berlin: Duncker & Humbolt, 1996.

JESUS, Damásio de. *Direito Penal*: Parte especial, 2.° Vol., 30. ed., São Paulo: Saraiva, 2010.

JORIO, Israel Domingos. O feminicídio da igualdade, *Boletim IBCCrim,* São Paulo, Julho/2015.

JÚNIOR, Laerte I. Marzagão (Org.). *Homicídio Crime Rei*, São Paulo: Quartier Latin, 2009.

JÚNIOR, Manoel Torralbo Gimenez. *Homicídio*: um estudo jurídico-criminológico, São Paulo: Edições APMP, 2009.

KANT, Immanuel. Kritik der reinen Vernunft, 2. Aufl. (1987). In: *Kants gesammelte Schriften*, Band III, Berlin, hg. von der Königlich Preußischen Akademie der Wissenschaften, 1904, p. 1-553.

_____. Metaphysik der Sitten (1797). In: *Kants gesammelte Schriften*, Band VI, Berlin, hg. von der Königlich Preußischen Akademie der Wissenschaften, 1907, p. 203-495.

KARGL, Walter. Zum Grundtatbestand der Tötungsdelikte. *Juristenzeitung* (JZ), Tübingen, 2003, p. 1141-1149.

KATZENSTEIN, Richard. Die vorsätzliche Tötung nach geltendem Recht. *Zeitschrift für die gesamte Strafrechtswissenschaft* (ZStW), Berlin, 24 (1904), p. 503-563.

KAUFMANN, Arthur. *Rechtsphilosophie*, 2. ed., München: C. H. Beck, 1997.

KAUFMANN, E., Rädern. In: ERLER, Adalbert; KAUFMANN, Ekkehard [Hrsg.]. *Handwörterbuch zur deutschen Rechtsgeschichte*, IV. Band, Protonotarius Apostolicus – Straprozeßordnung, Berlin: Erich Schmidt Verlag, 1990, p. 135-138.

KAULBACH, Friedrich. Moral und Recht in der Philosophie Kants. In: BLÜHDORN, Jürgen; RITTER, Joachim, *Recht und Ethik: Zum Problem ihrer Beziehung im 19. Jahrhundert*, Frankfurt am Main: Vittorio Klostermann, 1970, p. 43-58.

KELKER, Brigitte. *Zur Legitimität von Gesinnungsmerkmalen im Strafrecht*: Eine strafrechtlich-rechtsphilosophische Untersuchung, Frankfurt am Main: Vittorio Klostermann, 2007.

KINDHÄUSER, Urs. § 242 StGB. In: KINDHÄUSER, Urs; et al (Coords.). *Nomos Kommentar zum Strafgesetzbuch*, Band 2, 4. ed., Baden-Baden: Nomos, 2013, p. 197-241.

KÖHLER, Michael. Zur Abgrenzung des Mordes erörtert am Mordmerkmal "Verdeckungsabsicht". *Goltdammers Archiv* (GA), Heidelberg *et alii*, 1980, p. 130-138.

_____. Zur Strafbarkeit des Mordes bei "außergewöhnlichen Umständen" – BGHSt 30, 105. *Jurisitsche Schulung* (JuS), München, 1984 Heft 10, p. 762-768.

_____. Anmerkung: BGH, Beschluß v. 27.11.1979 – StR 711/79 (LG Kiel). *Juristenzeitung* (JZ), Tübingen, 1980, p. 238-241.

_____. *Strafrecht*: Allgemeiner Teil, Berlin/Heidelberg: Springer, 1997.

KÜPPER, Georg. Die Probleme des Mordtatbestandes als Folge der absoluten Strafdrohung. In: ZIEMSKE, Burkhardt, *et alii* (Coords.), *Staatsphilosophie und*

Rechtspolitik: Festschrift für Martin Kriele zum 65. Geburtstag, München: C. H. Beck, 1997, p. 777-794.

LARENZ, Karl. *Methodenlehre der Rechtswissenschaft*, 4. ed., Berlin/Heidelberg/ New York: Springer-Verlag, 1979.

LENCKER, Theodor; EISELE, Jörg, § 185. In: SCHÖNKE, Adolf; SCHRÖDER, Horst (Coords.), *Strafgesetzbuch*: Kommentar, 29. ed., München: C. H. Beck, 2014.

LISZT, Franz von. Der Zweckgedanke im Strafrecht, p. 17. *Zeitschrift für die gesamte Strafrechtwissenschaft* (ZStW), Berlin, 3 (1883), p. 1-46.

_____. Die psychologischen Grundlagen der Kriminalpolitik. *Zeitschrift für die gesamte Strafrechtwissenschaft* (ZStW), Berlin, 16 (1896), p. 483.

_____. Verbrechen und Vergehen wider das Leben. In: BIRKMEYER, Karl; et. al. [Hrsg.]. *Vergleichende Darstellung des deutschen und ausländischen Strafrechts*: Vorarbeiten zur deutschen Strafrechtsreform, V. Band, Berlin: Verlag von Otto Liebmann, 1905.

LOCKE, John. A Letter Concerning Toleration. In: GOLDIE, Mark (Org.), *A Letter Concerning Toleration and Others Writings*, Indianapolis: Liberty Fund, 2010, p. 1-67.

_____. *Two Treatises of Government*, Cambridge: Cambridge University Press, 2014.

LOHSE, Volker. "Tüken ist der Zutritt verboten" – Volksverhetzung durch Zugangsverweigerung. *Neue juristische Wochenschrift* (NJW), München, 1985, Heft 29, p. 1677-1681.

LUDWIG, Bernd. Kants Rechtslehre. In: BRANDT, Reinhard; STARK, Werner (Coords.), *Kant Forschungen*, Band 2, Hamburg: Felix Meiner, 1988.

MACHADO, Marta; MATSUDA, Fernanda. Um copo meio cheio. *Boletim IBCCrim*, São Paulo, Maio/2015, p. 5-6.

MAURACH, Reinhard; et. al. *Strafrecht*: Allgemeiner Teil, Teilband 1, 8. ed., Heidelberg: C. F. Müller, 1992.

MERKEL, Reinhard. Grundlagenprobleme der Leitprinzipien und der "Motivgeneralklausel" des Mordtatbestandes, p. 659-686. In: *Abschlussbericht der Expertengruppe zur Reform der Tötungsdelikte (§§ 211-213, 57a StGB)*, im Juni 2015 vorgelegt.

MILL, John Stuart. On Liberty. In: WARNOCK, Mary. *Utilitarianism and On Liberty*, 2. ed. Padstow: Blackwell Publishing, 2003.

MIRABETE, Júlio; FABBRINI, Renato. *Manual de Direito Penal*: Parte especial Arts. 121-234B do CP, 30. ed., São Paulo: Atlas, 2013.

MITSCH, *Wolfgang. Strafrecht Besonderer Teil 2*. 2. ed., Berlin: Springer, 2002

Müssig, Bernd. *Mord und Totschlag*: Vorüberlegungen zu einem Differenzierungsansatz im Bereich des Tötungsunrechts, Berlin: Carl Heymanns Verlag, 2005.

Nassif, Aramis. *Júri*: instrumento da soberania popular, 2. ed., Porto Alegre: Livraria do Advogado Ed., 2008.

Naucke, Wolfgang. *Kant und die psychologische Zwangstheorie Feuerbachs*. Hamburg: Hansischer Gildenverlag, Joachim Heitmann & Co., 1962.

Neumann, Ulfrid. Vorbemerkungen zu § 211. In: Kindhäuser, Urs; et al (Coords.), *Nomos Kommentar zum Strafgesetzbuch*, Band 2, 4. ed., Baden-Baden: Nomos, 2013, p. 1511-1583.

Nida-Rümelin, Julian. *Philosophie und Lebensform*, Frankfurt am Main: Suhrkamp, 2009

Noronha, Magalhães. *Direito Penal*: Parte especial, Vol. 2, São Paulo: Saraiva, 2003.

Nucci, Guilherme de Souza. *Tribunal do júri*, 4. ed. São Paulo: Revista dos Tribunais, 2013.

Oliveira, Olavo. *O delito de matar*, São Paulo: Saraiva, 1962.

Otto, Harro. Straftaten gegen das Leben, p. 52. *Zeitschrift für die gesamte Strafrechtswissenschaft* (ZStW), Berlin, 83 (1971), p. 39-80.

Paschoal, Janaína Conceição. Feminicídio: um crime contra a equidade, *Revista Fórum de Ciências Criminais*, Ano 2, n. 4, jul./dez. 2015. Disponível em: <http://www.editoraforum.com.br/ef/index.php/noticias/feminicidio-um-crime-contra-a-equidade/>. Acesso em: 11 de maio de 2016.

Pawlik, Michael. *Person, Subjekt, Bürger*: Zur Legitimation von Strafe, Berlin: Duncker & Humbolt, 2004.

Pedro, Alessandra Orcesi. *Homicídio doloso qualificado: a suficiência ou não das qualificadoras previstas no Código Penal atual*, São Paulo: Polo Positivo, 2000.

Peralta, José Milton. *Homocidios por odio como delitos de sometimiento*. In: InDret Penal, 4/2013.

_____. *Motivos reprochables*, Una investigación acerca de la relevancia de las motivaciones individuales para el Derecho penal liberal. Madrid: Marcial Pons, 2012.

Pfordten, Dietmar von der. *Normative Ethik*, Berlin: De Gruyer, 2010.

_____. *Rechtsethik*, 2. ed., München: C. H. Beck, 2011.

_____. *Rechtsphilosophie*: Eine Einführung. München: C. H. Beck, 2013.

Pfordten, Dietmar. Kants Rechtsbegriff. In: *Menschenwürde, Recht und Staat bei Kant*: Fünf Untersuchungen, Paderborn: Mentis, 2009, p. 27-39.

PUPPE, Ingeborg. § 15. In: KINDHÄUSER, Urs; et al (Coords.), *Nomos Kommentar zum Strafgesetzbuch*, Band 1, 4. ed., Baden-Baden: Nomos, 2013, p. 643-690

RADBRUCH, Gustav. Rechtsidee und Rechtsstoff. Eine Skizze (Originalmente: ARWP 17 1923/24, 343-350). In: KAUFMANN, Arthur (Coord.), *Gustav Radbruch Gesamtausgabe*, Band II, Heidelberg: C. F. Müller, 1993, p. 453-460.

_____. Rechtsphilosophie, 3. ed. (1932). In: KAUFMANN, Arthur (Coord.). *Gustav Radbruch Gesamtausgabe*, Band II, Heidelberg: C. F. Müller, 1993, p. 206-450.

RADFORD, Jill. Introduction. In: RADFORD, Jill; RUSSELL, Diana, *Femicide*: the politics of woman killing, New York/Toronto: Twayne Publishers, 1992, p. 3-12.

RAMOS, Enrique Peñaranda. *Estudios sobre el delito de asesinato*, Madrid, Bdef, 2014.

RAWLS, John. *Political Liberalism*. Expanded Edition, New York: Columbia University Press, 2005.

REGGE, Jürgen; PEGEL, Christian. Vorbemerkungen zu den § 185. In: JOECKS, Wolfgang; MIEBACH, Klaus (Coords.). *Münchner Kommentar zum Strafgesetzbuch*, 2. Ed., München: C. H. Beck, 2012, p. 1-19.

REGGE, Jürgen; PEGEL, Christian. § 185. In: JOECKS, Wolfgang; MIEBACH, Klaus (Coords.). *Münchner Kommentar zum Strafgesetzbuch*, 2. ed., München: C. H. Beck, 2012, p. 19-32.

ROXIN, Claus. Sinn und Grenzen staatlicher Strafe. *Juristische Schulung* (JuS), München, 1996, Heft 10, p. 377-387.

ROXIN, Claus. *Strafrecht Allgemeiner Teil*, Band 1, 4. ed., München: C. H. Beck, 2006.

RÜPING, Hinrich. Zur Problematik des Mordtatbestandes. *Juristenzeitung* (JZ), Tübingen, 1979, p. 617-621.

SALIGER, Frank. "Niedrige Beweggründe" bei "grundloser Tötung". *Strafverteidiger* (StV), Köln, 2003, p. 38-41.

SANTOS, Juarez Cirino dos. Direito Penal: Parte Geral, 5. ed. Florianópolis: Conceito Editorial, 2012, p. 110-111.

SANZ MORÁN, Angel J. Presupuestos para la reforma de los delitos contra la vida. *ADCPC* 1995, p. 783-848.

SCHMIDHÄUSER, Eberhard. Gesinnungsethik und Gesinnungsstrafrecht. In: LACKNER, Karl (Coord.), *Festschrift für Wilhelm Gallas zum 70. Geburtstag*, Berlin: De Gruyter, 1973, p. 81-97.

SCHMIDHÄUSER, Eberhard. *Gesinnungsmerkmale im Strafrecht*, Tübingen: J. C. B. Mohr Siebeck, 1958.

SCHMIDHÄUSER, Eberhard. *Strafrecht Allgemeiner Teil*, 2. ed., Tübingen: J. C. B. Mohr, 1975.

SCHNEIDER, Harmut. § 211. In: JOECKS, Wolfgang; MIEBACH, Klaus (Coords.). *Münchner Kommentar zum Strafgesetzbuch*, 2. ed., München: C. H. Beck, 2012, p. 467-635.

SCHRAMM, Edward. Über die Beleidung von behinderten Menschen. In: ESER, Albin; et. al., Festschrift für Theodor Lenckner zum 70. Geburtstag, München: C. H. Beck, 1998.

SCHROEDER, Friedrich-Christian. Grundgedanken der Mordmerkmale. *Juristische Schulung* (JuS), München, 1984, Heft 4, p. 275-278.

SCHÜNEMANN, Bernd. Politisch motivierte Kriminalität. In: BOOR, W. de (Coord.), *Politisch motivierte Kriminalität – echte Kriminalität?*, Basel u.a.: Krager, 1978, p. 49-116.

SERRA, Terra. *Homicídio Qualificado*: tipo de culpa e medida de pena. Coimbra: Almedina, 2003.

SIEVERTS, Rudolf. *Beiträge zur Lehre von den subjektiven Unrechtselementen im Strafrecht*. Hamburg: De Gruyter, 1934, p. 4 ss.

SINN, Arndt. § 211, SK StGB 133. Lfg. (Juni 2012). In: WOLTER, Jürgen (Coord.), *Systematischer Kommentar zum Strafgesetzbuch* (SK-StGB), Rheinbreitbach: Carl Heymanns Verlag, 2012.

SOUZA, Luciano Anderson de; FERREIRA, Regina Cirino Alves Ferreira. Feminicídio: primeiras observações. *Boletim IBCCrim,* São Paulo, Abril/2015, p. 3-4.

STEGBAUER, Andreas. *Rechtsextremistische Propaganda im Lichte des Strafrechts*, München: VVF, 2000.

STRATENWERT, Günter; KUHLEN, Lothar. *Strafrecht Allgemeiner Teil*, 6. ed., München: Franz Vahlen, 2011.

TEIXEIRA, Adriano. Was ist Böse am Terrorismus. *Zeitschrift für Rechtsphilosophie*, vol. 2, p. 57-76, 2013.

TIMM, Frauke. *Gesinnung und Straftat*: Besinnung auf ein rechtsstaatliches Strafrecht. Berlin: Duncker & Humbolt, 2012.

TUSCHLING, Burkhard. Die Idee des Rechts: Hobbes und Kant. In: HÜNING; TUSCHLING. *Recht, Staat und Völkerrecht bei Immanuel Kant.* Berlin: Duncker & Humbolt, 1998. p. 85-117

THOMAS, Sven. *Die Geschichte des Mordparagraphen: eine normgenetische Untersuchung bis in die Gegenwart*, Studienverlag Bochum: Dr. N. Brockmeyer, 1985.

TRAPP, Mandred. Naturrecht, Wertordnung, Vernunft: Über einige Probleme beim Verständnis der Menschenrechte. *Archiv für Rechts- und Sozialphilosophie*, 72 1986, p. 153-175.

VASQUEZ, Patsilí T. *Feminicidio*: Consultoría para la Oficina en México del Alto Comisionado de las Naciones Unidas para los Derechos Humanos, México D.F.: OACNUDH, 2009.

WACHENFELD, Friedrich. *Die Überlegung in unserem heutigen Mordbegriff*, Hersfeld: Ed. Hoehl, 1887.

WEBER, Max. *Politik als Beruf*, 5. ed., Berlin: Duncker & Humbolt, 1968.

WELZEL, Hans. Das Gesinnungsmoment im Strafrecht. In: WELZEL, Hans, *Abhandlungen zum Strafrecht und zur Rechtsphilosophie*, Berlin: De Gruyter, 1975.

_____. *Der Allgemeine Teil des deutschen Strafrechts in seinen Grundzügen*, Berlin: Walter de Gruyter & Co., 1940.

_____. *Naturalismus und Wertphilosophie im Strafrecht*, Köln: Deutsches Druck- und Verlagshaus, 1935.

_____. Persönlichkeit und Schuld. *Zeitschrift für die gesamte Strafrechtswissenschaft* (ZStW), Berlin, 60 (1941), p. 428-474.

_____. *Vom irrenden Gewissen*: Eine rechtsphilosophische Studie, Tübingen: J. C. B. Mohr Siebeck, 1949.

WESSELS, Johannes; BEULKE, Werner; SATZGER, Helmut. *Strafrecht Allgemeiner Teil*: Die Straftat und ihr Aufbau, 45. ed., Heidelberg: C. F. Müller, 2015.

WESSELS; HILLENKAMP, Strafrecht Besonderer Teil II. 38. ed., Heidelberg: C.F. Müller, 2015

WOENSER, Horst. Moralisierende Mordmerkmale. *Neue juristische Wochenschrift* (NJW), München, 1978, Heft 20, p. 1025-1028.

WOLF, Gerhard. Mörder oder Totschläger? Zum 60jährigen Bestehen des § 211 StGB. In: AMELUNG, Knut; *et alii*. *Strafrecht, Biorecht, Rechtsphilosophie*: Festschrift für Hans-Ludwig Schreiber zum 70. Geburtstag am 10, maio 2003, Heigelberg: C. F. Müller, 2003, p. 519-532.

ZACZYK, Rainer. § 185. In: KINDHÄUSER, Urs; *et alii* (Coords.). *Nomos Kommentar zum Strafgesetzbuch*, Band 2, 4. ed., Baden-Baden: Nomos, 2013, p. 1290-1295.